対話を通して学ぶ
「社会」と「ことば」

日本語
×
民主的
シティズンシップ

名嶋義直
NAJIMA YOSHINAO

野呂香代子　著
NORO KAYOKO

三輪聖
MIWA SEI

深く、広く、じっくり考える **20** のトピック

DEMOCRATIC
CITIZENSHIP

にほんごの
凡人社
BONJINSHA

※ このページの英語、中国語（簡体字）、韓国語、インドネシア語が
https://www.bonjinsha.com/wp/edc で公開されています。

　皆さんはこの本をどのような本だと思って手に取りましたか。日本語教育の読解や会話の教科書でしょうか。それとも日本社会について考える日本事情・異文化理解の本でしょうか。この本は「民主的シティズンシップ教育」を行うための本です。この本はいろいろな授業でいろいろな使い方ができます。たとえば以下のような使い方が可能です。

(1) 中級から上級レベルの「外国語としての日本語」の授業で使う

(2) 多様な日本語話者が集まる共修授業で使う

(3) 異文化間教育や多文化共生教育の授業で使う

(4) それらを掛け合わせて総合的な複言語・複文化能力を伸ばす授業で使う

　この本は、いろいろな人と「対話」することを通して「異文化接触」を行い、その中から大切なこと（＝民主的シティズンシップ）を育ててほしいと思って作りました。以下ではこの本を役立ててもらうために少し説明をします。どちらかというと、教師向けではなく学生向けに書いているように読めるかもしれませんが、私たちは両方の立場の人に向けて書いています。学習者 vs 教師、という区別を超えて読んでください。学習者という立場の人が学びとともに成長していくように、教師という立場の人もいっしょに学び、ともに成長していきましょう。

正しい答えを探して覚える本ではない

　最初にとても大切なことを書きます。この本はさまざまな使い方ができます。日本で使うことも日本以外の国や地域で使うこともあるでしょう。それぞれの事情や文化、価値観などの違いで興味・関心を持つ課もあればそうでない課もあるでしょう。ある国では普通のことが別の国では普通ではないということがよくあります。ですので「正しい答えを探して覚える」という姿勢はこの本では目指していません。いろいろな考え方があることに気づき、自分が当たり前だと思っていたことをもう一度じっくりと考えてみる、そういう活動を行いながら多様なものを受け止める姿勢を育ててほしいと思っています。多様な意見にどうやって向き合うか、多様な意見が出てこないときにはどうするか、そういう問題に対しても唯一の正しい解決策はありません。教師やよく発言する人に任せるのではなく、自分たちでどう問題を解決しうるかを考え、すこしでも「異なる声」を聞くことができるような方法を考えて実践してください。

何を学び、どのような能力を身につけて伸ばすか（目標）

　この本では、自分の思っていることや意見やその根拠をわかりやすく相手に伝えること、相手の思っていることや意見や根拠を自分の考えとは違ってもいったんは受け止めること、その上で、受け入れられるものは受け入れ、何か課題があるならそれをどう解決すればいいか考え、解決に向けてお互いが対話を進めていくこと、その途中でお互いがときには自分の意見を主張し、ときには相手に合わせたり譲ったりして最終目標を目指すことなどを実践を通して学び、そういう姿勢で生きていく力を伸ばします。それは言い換えると、批判的に考え、自分とは異なるものを尊重し、それに対する気づきを促す経験を積み重ねることであるとも言えるでしょう。

　ここで言う「批判的」とは、相手を非難したり否定したり排除したりすることではなく、ちょっと立ち止まってじっくりいろいろな方向から考えてみることです。「なぜだろう」とか「本当かな」とか「ほかにどのような例があるだろう」とか「あれとこれとを比べてみよう」とか、そんなふうに深く、ときには広く考えてみることです。

　さらに、この本ではいろいろな背景や価値観を持つ人たちと対話をすることになりますが、使用言語についてはさまざまな可能性があります。日本語だけにとどまらず、自分が使いやすい言語、相手がわかる言語、コミュニケーション能力を伸ばしたい言語など、その人のそのときの目的に合わせて自分が持つあらゆるリソースを使って取り組むといいでしょう。その際、活動の目的を改めて確認してください。iii ページの (1) から (4) の目的次第で、使用言語は変わってくると思います。インプットもアウトプットも日本語で行うのが効果的なときもありますし、情報収集は自分がいちばん使いやすいことばで行い、その内容をほかの人に伝えるのは日本語というように計画を立てると、より思考が深まり、仲介能力が育まれることもあります。

　これらはすべて「他者への寛容さ」「批判的な姿勢」「批判的姿勢によるさまざまな気づき」「対話という民主的手段」などを学び実践することです。つまりこの本は、このあとの「この本の理念」に書いてある、欧州評議会の進める「民主的シティズンシップ」の理念、その理念を自分たちの学びに転換していく視点や姿勢、そして理念を実際に具体化して身につけ育てていく本なのです。では続けてこの本の構成を簡単に説明しましょう。

4部構成（＋特設ウェブページ）になっていることの意味、各部の役割

　この本は大きく4つ（＋特設ウェブページ）のパートに分けられます。

■ まえがき：この本の目的や使い方を学ぶ

　第1課の前に、とても大切なことを4つのセクションに分けて説明しています。まず「この本

の理念」です。そしてその理念に基づいて作ったこの本をどう使うかを「この本の使い方」で説明していくのですが、その間に「理念と使い方をつなぐ6つのポイント」というセクションがあります。文字どおり「理念」と「使い方」を媒介・仲介する大切なセクションです。まず「理念」、次に「つなぐ6つのポイント」、そして「この本の使い方」という順番で読み、最後に「著者からのメッセージ」を読んで、この本の目的や使い方についておおまかでいいので自分なりにイメージを持ってください。

■ 第1課〜第4課：読み方と対話のしかたを学ぶ

　次のパートは第1課から第4課までの「読み方と対話のしかたを学ぶ」パートです。これはスポーツで言えば、そのスポーツに関する知識を学ぶことと、準備運動のような活動にあたります。知識が不足していたり準備運動が不足していたりすると失敗したり怪我をしたりします。そこで、まずこの「読み方と対話のしかたを学ぶ」パートを先に読んで、その中の活動を行ってください。学びながら「なぜこんなことをするのかなあ」と批判的に考えてみると学びの効果があがると思います。第4課は短い新聞記事を素材にして第1課から第3課までの「読み方と対話のしかたを学ぶ」を応用して読めるようにしています。

■第5課〜第8課：読んで対話することに慣れる

　3つ目のパートは「いろいろな素材を読んで読み方に慣れる」ためのパートです。これはスポーツで言えば基礎的な技術や能力を高めるような活動にあたります。知識と準備運動のパートが終わったら、第5課から第8課までに進んでください。第1課から第4課までで読み方と対話のしかたを学び、第5課以降でそれを使って応用して学ぶ流れになっています。いろいろなトピックの課がありますが、読む素材が同じものをまとめて順番にしてあります。もちろん第5課から順番に学んでいっても、自分の興味関心のあるものから読みはじめてもいいと思います。第4課のあと、第5課〜第8課ではなく、第9課以降に進んでもかまいませんが、うしろのほうに進むにしたがって、1つの課が終わるまでにだんだん長い時間が必要になるものが増えてきます。学びに使える時間とも相談してバランスをとってください。

■ 第9課〜第20課：より主体的に社会を読む

　4つめのパートは、より長く複雑な内容を読んで、社会におけるさまざまな問題について考えていく課が並んでいます。これまでと同じようにスポーツで言えば、より本格的な練習、そして

試合や大会に出るという感じでしょうか。ジェンダー、差別や排他的言説、国家、戦争、環境、地方自治などといったテーマごとに複数の課が用意されていて、「日々の生活領域」に関わることの多い話題から「社会的な領域」「国家的な領域」と広がっていくように配置されています。ただし、「社会的な領域」や「国家的な領域」の話題だからといって、皆さんの毎日の生活に関わらないということではありません。ある意味では、「社会的」「国家的」なものは同時に個人的な「日々の生活」そのものであり、「日々の生活」に関することも同時に、「社会的」「国家的」なことなのです。

　このパートもどこから学んでもいいと思いますが、1つのテーマについて考えを深めたい場合は、関連するテーマのものをいくつか続けて読んでみるのもいいと思います。

■ 活動例や活動のための素材：特設ウェブページ

　最後のパートはさまざまな活動例や活動のための素材です。十分な質や量ではないかもしれませんが、創意工夫して自由に使ってください。課を学びながら一緒に使うこともできますし、課が終わってから復習や応用のために使うこともできます。課のほうをウォーミングアップのように使って特設ウェブページのものをメインの活動にしてもいいと思います。素材だけ利用して自分のためのレッスンを自分で作ることもいい学びになると思います。特設ウェブページの URL は https://www.bonjinsha.com/wp/edc です。

　大学の授業で使う場合は1学期が15回の授業回数になることが多いと思いますので、第1課から第4課までを順番に学んだあとは、授業回数や受講生の興味関心に合わせて自由に使ってください。1つの課の中の活動もクラスの大きさや受講生のレディネスに合わせて取捨選択してください。

　どうですか。

　いままであまり見たことがない本だと思いましたか。

　でも私たちはなんとなくこういう本を作ったわけではありません。

　そこには「理念」があります。

　そこで viii ページではこの本のベースにある「理念」について説明をします。

目次

特設ウェブページ　https://www.bonjinsha.com/wp/edc

※ このページの英語、中国語（簡体字）、韓国語、インドネシア語が
https://www.bonjinsha.com/wp/edc で公開されています。

「理念」から「理念と使い方をつなぐ 6 つのポイント」、そして「使い方」へ

　ここでは、この本の基礎部分にあたる民主的シティズンシップの理念について解説します。

　考え方も文化的背景もそれぞれ異なるであろう皆さんが、対話を通してさまざまな気づきを得て、自分の考えを深め、さらにより明確なことばを発して対話を発展させていく――。この本は、こうした活動を言語教育の場で実践するためのもので、その考え方の基礎となるのが民主的シティズンシップです。ここで言う民主的シティズンシップとは、さまざまな異なる考え方や背景を持つ人とも妥協しながら寛容性を持ってともに生きていこうとする市民の姿勢、また、人任せではなく、自分たちが積極的に政治に参加して自分たちの社会を築いていこうとする市民の姿勢を指します。

　まず、この「この本の理念」のセクションでは、著者たちが日本語教育を実践する土台となっている欧州評議会（Council of Europe）の民主的シティズンシップ教育とドイツの民主的シティズンシップ教育について、そして、ドイツの民主的シティズンシップ教育の基本的合意事項であるボイテルスバッハ・コンセンサスについて解説します。これらは、この本を理解し活用するために不可欠な理念であり、基本的な捉え方だからです。そこで、この「理念」のセクションを読んだら、次は、「理念と使い方をつなぐ 6 つのポイント」のセクションを読んで、実際に取り組んでみてください。理念を使い方に反映させるために重要になる「視点」がそこに書かれています。そして、「理念と使い方をつなぐ 6 つのポイント」に取り組んだら、「この本の使い方」の説明に進んでください。この順番で読むと、教材の内容やそこでの活動に納得して入っていけると思います。

欧州評議会の民主的シティズンシップ教育／人権教育

　欧州評議会 [1] は、第二次世界大戦後の 1949 年にヨーロッパに設立された超国家機関で、現在の加盟国は 46 カ国となっています。「民主主義、人権、法の支配」という理念を掲げ、それらの価値観を擁護、促進するためのさまざまな活動を行っています。

　欧州評議会は長らく民主的シティズンシップ教育／人権教育に取り組んできました。民主的シティズンシップ教育は、民主主義的権利と責任、さまざまな社会への積極的参加に、また、人権教育は、人権および基本的な自由に焦点を当てていますが、欧州評議会は両者が密接に関連しあうものだとして、こうした教育を扱う際に両者を併記しています。本書では両者を含めて民主的シティズンシップ教育という表現をとることにします。最近のヨーロッパでは、民主主義を脅かす暴力、人種主義、

---

1) https://www.coe.int/en/web/about-us/（2023 年 9 月 11 日）

過激主義、外国人嫌悪、差別、非寛容の台頭が問題となっており[2]、それに対抗するため、ますます民主的シティズンシップ教育の必要性が高まっています。特に 1997 年から欧州評議会の加盟国間で民主的シティズンシップ教育への取り組みが活発に議論されるようになり、2010 年には、民主的シティズンシップ教育に関する欧州評議会憲章が発表されました[3]。それが民主的シティズンシップ教育のヨーロッパ共通基準の役割を果たしています[4]。この憲章は、欧州評議会の理念（民主主義、人権、法の支配）の実践的な取り組みには教育がぜひとも必要だとして、加盟各国に子どもや若者の教育に力を入れるよう勧めています。そして、あらゆる人々に民主的シティズンシップ教育の機会を与えること、また、その学習は生涯にわたるもので、なんらかの形で教育に関わるあらゆる関係者、関係団体を育てることを重視しています。社会的連帯や異文化間の対話、多様性の尊重、平等を促進することがその目的で、そのための知識、スキルも必要ですが、究極的には欧州評議会の理念を擁護し、促進するために行動がとれる人々を勇気づけることが必要だとしています。

ドイツの民主的シティズンシップ教育

　こうした欧州評議会の教育的取り組みと連携しながら活動しているのがドイツの民主的シティズンシップ教育だと言えます。ここで、この本の著者たちが行った学校見学、教師や子どもたちへのインタビューを通して知ったドイツの民主的シティズンシップ教育について多少詳しく書きたいと思います。1 つの大きな流れは、連邦政治教育センターによる教育で、ドイツ語では politische Bildung（政治教育）と言われていますが、これは Education for Democratic Citizenship（EDC, 民主的シティズンシップ教育）に対応します。つまり、ドイツにおける「政治教育」とは、日本で使う狭義の「政治」についての教育だけではなく、市民一人ひとりが広く民主主義を学び、実践し、民主的シティズンシップを獲得するための教育を指します。もう 1 つの流れが Demokratiepädagogik（民主主義教育）と呼ばれるものです。2000 年初頭のネオナチや人種差別的な動きの台頭に対処しようと教育学から生まれたもので、学校内外での民主的土壌づくりのための幅広い活動を行っています。

　民主的シティズンシップ教育を行っている現場は、学校の科目としての「政治」の授業だけではありません。ホームルームの時間も生徒会活動も対話を中心に進められる政治教育の現場と言

---

2) Ruth Wodak (2020) *The Politics of Fear* (Second edition). Sage.（ルート・ヴォダック著　石部尚登（訳）(2023)『右翼ポピュリズムのディスコース（第 2 版）』明石書店 .）を参照。

3) https://www.coe.int/en/web/edc/home/-/asset_publisher/Mm QioA2qaHyO/conte nt/twenty-years-of-promoting-education-for-democracy-and-human-rights（2023 年 10 月 2 日）

4) https://www.coe.int/en/web/edc/charter-on-education-for-democratic-citizenship-and-human-rights-education（2023 年 10 月 2 日）

えますが、学校全体で熱心に民主的シティズンシップ教育に取り組んでいる学校もあります。そこでは、「民主主義」とか「（社会や政治への）参加」ということばをよく耳にします。「民主主義」ということばは学校の公民科などで出てくる用語、知識にすぎないと思う人が多いかもしれませんが、自分に関わるさまざまな活動を対話を通して実践する、それが「民主主義」なのです。小さな子どもも大人も民主的に学校や組織を運営するために、アイデアを出し合い、さまざまな活動を実践しています。それが、「参加」という意味です。自分たちの生活の中で考えていることを発言し、話し合い、なんらかの形にするのです。おもしろい例をあげると、子どもたちが自分の町の公園の設計段階から意見を述べ、それが実行されたというもので、子どもたちが町の政治に参加しているのです。また、ある学校には「積極的な休み時間（aktive Pause）」というものがあります。「積極的」とは生徒自らが主体的に活動に関わることを意味します。「積極的な休み時間」では、遊び道具、図書、ゲームなど、子どもたちが休み時間にすることを自分たちでデザインし、運営しています。自らのアイデアを、相手を説得しながらより多くの賛同者を得て、実際の形にしていくことが民主主義で、そこからエンパワメントが得られます。逆に失敗経験もまた、今後の考え方や活動にとって大いに参考になるでしょう。

連邦政治教育センター

　こうした取り組みの中心的役割を果たしている１つが国の機関である連邦政治教育センター（1952 年設立、1963 年に改称）です。市民が政治的、社会的問題に批判的に取り組み、積極的に政治に参加できるようにと、実にさまざまな啓蒙活動を行っています。独裁という歴史への反省から、ドイツ連邦共和国は民主主義、多元主義（Pluralismus）、寛容性などの価値を市民の意識の中に確固たるものとする責任を特に負う、としているのです[5]。多元主義とはその社会に住む、さまざまな意見、利害関心、目的、期待を持った人たちすべてを尊重するという姿勢です[6]。金子みすゞの有名な詩「私と小鳥と鈴と」というなかに「みんなちがってみんないい」というフレーズがありますが、これには多元主義に通じるものがあると思います。多様性を認めるだけではなく、人として尊重しあうことが、民主主義の基礎を築くことであり、民主的社会の反対側にある、他者を排除しようとする排他的社会への流れに歯止めを効かせること、そして、過去の忌まわしい戦争の再来を防ぐことにもなります。過去の歴史への真摯な反省が、民主主義をともに築いていく土壌となっているのです。

---

5) https://www.bpb.de/die-bpb/51743/demokratie-staerken-zivilgesellschaft-foerdern（2023 年 10 月 2 日）

6) https://www.bpb.de/kurz-knapp/lexika/handwoerterbuch-politisches-system/202088/pluralismus/（2023 年 10 月 2 日）

ボイテルスバッハ・コンセンサス

　ドイツの政治教育は、戦争の反省の上にたち、憲法に相当するドイツ連邦共和国基本法の基礎にある民主主義や人権意識を育成しようとするものですが、過去には政治的事情により保革の争いがあって、政治教育の共通認識がなかったそうです。しかし、1976年に専門家たちの長い論争の末に政治教育の合意が得られました[7]。ボイテルスバッハという地で生まれたので、その合意事項は、「ボイテルスバッハ・コンセンサス」と呼ばれています。この合意が、連邦政治教育センターはもちろんのこと、民主主義教育においても基本指針となっています。ボイテルスバッハ・コンセンサスは以下の3項目からなります[8]。

- **圧倒の禁止**：教師が一定の考え方を生徒に押し付けない、教化しないということです。
- **学問的、政治的論争があるさまざまな立場を授業において扱う**：学問や政治には論争がつきものです。国や教師にとって都合の悪い見方であっても、論争があるものはあるものとして話し合うということです。
- **生徒は政治的状況や自分の利害関心が分析できるようにならなければならない**：教師は、生徒が自身の利害関心に沿った政治的判断能力や参加能力を備えられるように導くということです。

　この合意は政治教育／民主主義教育を行う側に求められる姿勢となっています。この合意が守られると、お互いの人権が尊重され、対話が成立することになります。この姿勢が推し進められると、おのずと教師の位置づけも変わってきます。教師も学習者も同じ人間として尊重され、対話し、互いに学び合う相手となるのです。また、政治的、社会的にタブー視され、教師や学習者が教室で自由に意見を口にできない状況から解放されることになります。教育は中立的であるべきだと言う場合、その「中立的」の解釈もさまざまで問題です。私たちが依って立つ軸は民主主義社会を擁護、強化する民主的シティズンシップ教育です。そして、ボイテルスバッハ・コンセンサスに基づき、この本を作ったつもりです。素材や活動をもとに、参加者間の対話が進むことで、皆さんのことばがより深い思考をもたらし磨かれることを祈ります。

---

7) 近藤孝弘 (2009)「ドイツにおける若者の政治教育―民主主義社会の教育的基盤」日本学術協力財団『学術の動向』2009年10月号、pp.10-21.

8) https://www.bpb.de/die-bpb/ueber-uns/auftrag/51310/beutelsbacher-konsens/（2023年10月28日）

※ このページの英語、中国語（簡体字）、韓国語、インドネシア語が https://www.bonjinsha.com/wp/edc で公開されています。

この本が大切にしている理念を読んで、どのように感じましたか。ここで少し、理念から実践につなげるために「考える」時間をとってほしいと思います。

学習者 vs. 教師？

日本語の授業で、日本語を勉強する人は「学習者」、日本語を教える人は「教師」という役割を担うことが多いと思いますが、このような役割についてどのように考えていますか。普通だと感じるでしょうか。

少し見方を変えて「日本語話者」という観点から両者を捉えると、どちらも「日本語話者」であり、お互い対等な関係にあると言えないでしょうか。この本では、「学習者」と「教師」という構図をなくし、「日本語話者」としてともに学び合う関係にあると捉え、授業において教師はファシリテーターとしての役割を担っていると考えます。

この本の目的として「この本の概略」のところに「欧州評議会の進める『民主的シティズンシップ』の理念、その理念を自分たちの学びに転換していく視点や姿勢、そして理念を実際に具体化して身につけ育てていく本なのです」とありましたが、これはいわゆる「学習者」に特化したことではなく、この本を通して「教師」も含めた「日本語話者」であるすべての人にとっての学びを促すことを目指しているのです。

本セクションでは、「民主的シティズンシップ教育」の理念を身につけ、「自分のもの」として使えるようになることを目指し、いくつかの大切な視点をめぐって対話し、考えていってもらいたいと思います。

おさえておきたい 6 つのポイント

この本を使う人たちには、以下の 6 つの視点を大切にしてほしいと思います。

ポイント 1：対話を通して学ぶ

ポイント 2：「自分ごと」として考えて判断する

ポイント 3：自分で自分の答えや意見にたどり着く

ポイント 4：多様な考え方に目を向ける

ポイント 5：多様な価値を認め、異質なものに対して寛容になる

ポイント 6：自分で課題を見つけて取り組む

6つのポイントについて考えてみましょう

　個人で自分自身と対話しながら考えるのもいいですが、ほかのいろいろな人たちと対話をしながら考えると、より多くの気づきがあるかもしれません。

ポイント1：対話を通して学ぶ

 あなたが理解した「民主的シティズンシップ教育」とはどういうものですか。自分のことばで説明してみましょう。

 「民主的シティズンシップ教育」と「言語教育」とはどのようにつながると思いますか。両者の接点について考えてみましょう。

ポイント2：「自分ごと」として考えて判断する

 あなたは授業で話し合うテーマを考えることになりました。どのようなテーマにしますか。

 どうしてそのテーマにしましたか。テーマを選ぶ際に、どのようなことに留意して選びましたか。

ポイント3：自分で自分の答えや意見にたどり着く

 ディスカッションの途中で、ある人が「先生はどう思いますか」と聞きました。この状況についてどう思いますか。このときファシリテーターの人はどうすればいいでしょうか。

 ディスカッションの最後に、ある人が「正解は何ですか」と聞きました。ファシリテーターとして、どうしますか。また、グループでディスカッションをしていたメンバーとして、どうしますか。

ポイント4：多様な考え方に目を向ける

 ある人から「授業で日本の原発問題について議論したい」と言われました。テーマとしてはよさそうなので、ファシリテーターは対話のきっかけとなる資料を用意することにしました。ファシリテーターとして、どういうことに気をつけて資料を用意したらいいと思いますか。

ポイント5：多様な価値を認め、異質なものに対して寛容になる

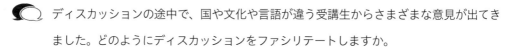 ディスカッションの途中で、国や文化や言語が違う受講生からさまざまな意見が出てきました。どのようにディスカッションをファシリテートしますか。

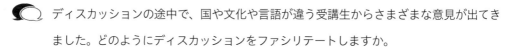 ディスカッションの途中で、何人かの人が日本語ではなく自分の母語や英語で話しはじめました。どうしますか。

ポイント6：自分で課題を見つけて取り組む

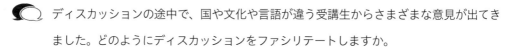 民主的シティズンシップ教育を語学の授業で実践する場合、どのような活動をすればいいと思いますか。

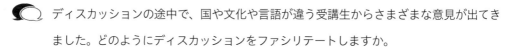 民主的シティズンシップ教育を語学の授業で実践する場合、どのようなことを避けるよう心掛けたほうがいいと思いますか。

おわりに

　6つのポイントについて十分に考えをめぐらすことができたでしょうか。新たな発見や気づきがありましたか。

　次に、この本の具体的な使い方を見ていきましょう。ここで自分が考えたことと、これから「この本の使い方」で読むこととを照らし合わせながら、さらに考えを深めていきましょう。

※ このページの英語、中国語（簡体字）、韓国語、インドネシア語が
https://www.bonjinsha.com/wp/edc で公開されています。

この教材の使い方や注意点、学ぶときに求められるもの

ここからは、この教材を使うときの具体的なことを説明します。

■ 本や先生に教えてもらうのではなく、自分で自分の答えや考えを見つけ出す

この本は正しい知識や唯一の答えを教える本ではありません。自分の答えはほかの人との対話を通して自分で見つけていきましょう。自分が見つけた答えがほかの人の答えと違う場合もあると思います。そのようなときは、お互いがほかの人から学んでください。「私はなぜこのように考えたのだろう」「あの人はなぜそのように考えるのだろう」と批判的に考えることで、自分の中にはない何かに気づくことができるはずです。

このように、この本の目指す学びは「主体的」なものです。先生に答えを教えてもらう、それを覚える、教材に書かれている通りに授業をする、というような使い方をしてもこの本はぜんぜん使えません。本の中に答えが書かれていないからです。先生の立場で使う人は「正しい答えを授ける」というような教育観から意識を変えてください。先生という役割の人の仕事は、学ぶ人たちが自分たちで主体的に学んでいけるよう、また有意味な対話が進むよう、流れをうまく作りゴールに導いていくことです。決して教え込もうとしないでください。かつてブラジルの教育者・哲学者であるパウロ・フレイレという人が言ったように、学んでいる人は「空の貯金箱」ではありませんし、教師も「知識というお金」をその「空の貯金箱」に入れていく「銀行員」ではないのです。学ぶ人は一人の「主体的・社会的に活動する人」なのです。

■ 自分の考えや意見だけではなく他の人の考えや意見をしっかり受け止めて考える

この本の中に書かれている出来事には、答えが2つ以上あったり、答えがなかったりするものもあります。読んだり考えたりしたときに、意見や感想が大きく分かれることもあるかもしれません。賛成する人と反対する人との間で意見が対立することもあるかもしれません。でもそのようなことは社会ではよくある普通のことです。だからこそ、私たちは自分の意見をわかりやすく伝えて、相手の意見をしっかり聞いて、それをいったんは受け止めて、そこから調整を始めるのです。そこで必要なのが「対話」です。意見の違う人との対話を怖がったり避けたりしないでください。違う意見があるときにはその意見が存在することを認めて、その人が自分とは違う意見を持っている人だということを受け止めて、そこから民主的な方法で「じゃあどうするか」を一緒に考えていってください。

■ 自分の興味や関心から出発してさらに広い世界に目を向ける

　この本の中のトピックにはいろいろなものがあります。自分の興味にぴったり合うものもあれば、あまり関心を持てないものもあるかもしれません。興味関心の持てない内容だとやる気がなくなるかもしれませんが、そのときは、そのトピックを少しでも自分に近づけて考えてみてください。本の中に出てくる出来事を「自分にとっての出来事」だと想像して学んでみてほしいと思います。フィクションでもいいので「もし自分が」「もし自分の家族が」などといったように、自分との接点を考えてみてください。きっと新しい気づきが生まれると思います。

多様な学習者に向けて作った教材をどのように扱うか

　この本はさまざまな人にさまざまな形で使ってほしいと思って作りました。一人で学ぶ人もいると思いますし、クラスでほかの人と一緒に使うこともあると思います。一人で学ぶのもいいですが、もし可能なら友だちを誘って一緒に読んで、考えて、話してみてください。きっと一人のときよりもいろいろなことに気づくと思います。

　日本にある日本語学校や大学などの日本語のクラスで使うこともあれば、日本以外の国で行われている日本語のクラスで使うこともあるでしょう。日本人学生と日本以外の国の学生とが一緒に学ぶクラスで使うこともあると思います。クラスの中でたくさんの人と話をするときにも気づきがいっぱいあると思います。

　一方で、たくさんの人と話をすればするほど自分とは意見の違う人が増えてくると思います。意見が違うと話をしていても楽しくないかもしれません。でも同じような意見の人と話をしていても新しい気づきはあまりないと思います。ですから、意見の違う人と積極的に対話をすることが大切です。対話するときには以下のようなことに注意してコミュニケーションをとってみましょう。

・相手の意見を最後までしっかりと聞く

・聞きながら相手と視線を交わしたりあいづちを打ったり短いことばを口にしたりして、相手の話への関心を示す

・すぐに相手の意見を否定しない

・自分の理解を確認したり疑問点などを質問したりする

・賛成できるところや意見が違うところを確認し合う

・意見が違う場合はなぜ違うのか考えてみる

・自分の意見をわかりやすく話す

・なぜそう思うのか根拠も説明する

この本が言う、こうした「対話」は、けんかやディベートではありません。勝ち負けや優劣を決めるのではなく、お互いがお互いの考えについて理解を深めるために行うものなのです。

　また、この本の中にはいろいろな話題が入っていますので、人によっては気分が乗らずあまり考えたくない話題があるかもしれません。そのときはそのことを同じ「場」にいる人にどう伝えたらいいか考えて話してみてください。

　例を出しますので、一緒に考えてみましょう。たとえばクラスの中から「私、宗教の話題についてはしゃべりたくない」という声が出てきました。さあどうしますか。これは教師だけの問題でも学ぶ人だけの問題でもなく、もちろんその人だけの問題でもなく、その「場」にいる人みんなの問題です。そういう意見が出てきたら、その「場」にいる人はどうすればいいでしょうか。一人ひとりで、そしてみんなでどうすればいいか対話しながら解決の方法を探してみましょう。それはまさに民主主義の実践です。予定していた話題から違う内容のものに変えるという方法もあるかもしれません。その人だけ宗教の話題のときには席を外したり別のことをしたりすることも１つの解決策かもしれません。でも授業だから一緒に参加するのがいいという意見も出るかもしれません。答えは１つではありません。大切なことは、その人の「私、宗教の話題についてはしゃべりたくない」という声をいったんは受け止めた上で、その課題をどのようにして平和的に民主的な方法で解決するかを、その「場（＝社会）」にいるみんなで「対話」を通して考えるということです。ここで言う「受け止める」ということばは「無条件に相手に合わせて受け入れる」ということではありません。「受け止めてみんなで考える」ことが大切です。

　そして教室の中で受講生同士の対話が議論を通り越してけんかのようにならないように、また主体的な学びが、いつの間にか強制的な学び、画一的な学びになってしまわないように、同じ「対話の場」で学んでいる人が主体的に参加をしてほしいと思います。「対話の場」は１つの社会です。その社会にいる人みんなが自分たちで「場」を作り、発展させていってください。

　教える立場の人も「理念と使い方をつなぐ６つのポイント」のところで書いたように、「学習者」vs.「教師」という構図から自由になり、授業において教師はファシリテーターとしての役割を担っていると考えてみてください。そして学ぶ立場の人と対等な立場で学びの場という社会に参加し一緒に学んでいきましょう。

　この本はそういう力を伸ばす本です。学ぶ人も教える立場の人も、いままでの授業であれば「トラブル」と考えてしまうことを怖がらなくてもだいじょうぶです。もしそういうことが起こったらそれはとてもすばらしいチャンスです。その「トラブル」を教科書にはない「実社会における実践的な応用問題」と考えて、さっさと教科書から離れて、目の前のリアルな課題に、みんなで対話しながら取り組みましょう。そしてこの本で学びながら身につけてきた民主的な方法で解決

のための対話をさらに進めてほしいと思います。

1つの課の使い方

　では、1つの課の中で、何をどういう順番でどういうふうに学んでいくのか、その流れを説明します。課によって少し違いもありますが、基本的な流れは同じですので、おおまかなイメージを作ってください。

　この本は、だいたいどの課でも、いくつかの活動を下のような流れで学びます。課によっては、考えるだけではなく、資料を探したり集めたり比較したりすることもあります。話し合いだけではなく書いてまとめる作業をすることもあります。以下の（　　）の中に入れた「発展セクション」は任意です。してもしなくてもかまいません。自分のモチベーションや勉強の時間に合わせて決めてください。

自分の中にある知識や価値観などを確認する ➡ 資料を読む ➡ 考える ➡ 対話する ➡ 学びを深めたり広げたりする ➡ （任意：学びを発展させる） ➡ 自分の学びを振り返る ➡ 自分の学びを自分で評価する

　これらの活動をいろいろなサイズで行います。一人で考えることもあれば、ほかの人とペアやグループで一緒に考えることもあります。活動のサイズをだんだん大きくして最後はクラス全体で話し合って考えます。それぞれの活動には活動のサイズを表すアイコンが付いています。アイコンは、一人でするかペアでするかグループでするかクラス全体でするか、という活動のサイズを表しています。グループのサイズは実際に行うときの人数に合わせて考えてください。またクラスの人数や時間などの都合に合わせて、特定のサイズの活動を省略するなど柔軟に対応してください。多くの活動は「話し合おう」のような書き方をしています。実際にどのように話し合うかはそれぞれの状況に合わせて考え決めてください。

　このように、どの課の活動でも「活動のサイズ」と「活動のタイプ」とが表示されていますので取捨選択やアレンジの参考にしてください。

　この本は「対話」を重視していますが、一人ひとりの対話への参加姿勢は多様であってよいと思います。たくさん話せばよいとも言えないし、黙っているからよくないとも言えません。じっと人の意見を聞くことも対話の大事な側面です。一時的に対話から離れて一人で考えたい場合もあるでしょう。「参加する権利」と同様に「離脱する権利」も尊重されるものでしょう。

【この課ですること】

　最初にその課ですることが書いてあります。目標のようなものです。どの課でも4つから6つぐらいあります。そして2種類に分けられています。1つは、新聞の文章・ポスター・図表といった「素材をどのように読むか」ということを書いています。もう1つは、ここまで何度か説明をしてきた、「民主的シティズンシップ教育として何をするか」、ということを書いています。この2つもアイコンによってTextとEDC（＝民主的シティズンシップ教育）とに分けられています。

【○○する前に】

　次に、自分の中にある知識や価値観などを確認します。簡単な質問に答えながら、自分の頭の中にあるいろいろな知識や経験を思い出してください。一人で考えることもあればペアやグループで考えることもあります。簡単な資料を読んだり調べたりする場合もあります。

【○○を読もう】

　メインの素材を読みます。新聞記事のような文章を読む場合もありますし、ポスターやチラシのような絵を見たり読んだりする場合もあります。図や表を見る場合もありますし、いろいろな素材が一緒になっているものを読む場合もあります。たとえば、新聞記事には文章だけではなく、写真や図表が一緒になっているものもあります。そのような複合的なものを読むこともあります。あとから比べるために、2つ以上のものを読むこともあります。

【考えよう】

　読んだあとに行います。読んだ内容をじっくり考えることもありますし、読んだものを参考にしてほかの情報を調べることもあります。もちろん、考えてから調べて、調べたことをもとにしてまた考えることもあります。一人で考えることもあればペアやグループで考えることもあります。

【話し合おう】

　「考えよう」のセクションの中に入っています。一人で考えたり調べたりしたことを、ペアやグループで話し合い共有します。そしてさらにその問題についてほかの人と一緒に考えていきます。共有の方法は、発表やワールドカフェ形式などいろいろあります。ヒントになりそうな情報を特設ウェブページにアップしてありますので、自分たちで考えて選んでください。何か解決すべき具体的な課題について読んで考えたときは、その課題をどう解決したらいいかについて話し合って解決を目指し、実際の行動をとることも選択肢の1つです。たとえば、市役所や企業に意見を送っ

たり提案をしたり、新聞に投書して課題に対する認識を広めたりできる場合があるでしょう。

【より深く考えよう、より広く考えよう】

　すべての課に「より深く考えよう」と「より広く考えよう」のどちらかが準備されています。課によっては両方ある場合もあります。この２つの活動には共通点もありますが、「より深く考えよう」は「取り上げている具体例についてさらに考える活動」、「より広く考えよう」は「具体例として考えてきた話題から離れて、一般論として考えたり違う具体例を通して考えたりする活動」です。

【発展】

　これもすべての課に作ってあるわけではありませんが、もっと調べたい、もっと考えたいという人のために、発展的な活動を用意してあります。これは必ず取り組みましょうという活動ではありません。やってみよう、やってみたいと思ったら取り組んでみてください。資料などは特設ウェブページ（https://www.bonjinsha.com/wp/edc）にあります。

【振り返ろう】

　考えたこと、気づいたこと、考え方が変わったところなどをまとめて活動全体を振り返ります。そして自分がその課の活動から何を学んだか、自分のことばでしっかりとまとめて確認してください。質問に答えたり、ノートに書き出したり、いろいろな方法で振り返ります。

【自分の学びを評価しよう】

　まとめと振り返りが終わったら自己評価をします。「どれくらい学べたか」について自分でスケールを使ってチェックしてみましょう。そして、よくできたこと／まあまあできたこと／あまりできなかったこと／ぜんぜんできなかったことなどを確認しましょう。できたことは次の課を学ぶときにも積極的に取り組んでください。残念ながらその課でできなかったことがあったら、うまくできなかった原因はどこにあるかをもう一度振り返って考えてみましょう。そして次の課を学ぶときにはうまくできるよう意識して取り組んでみましょう。

　ここまでおつかれさまでした。
　いよいよ「まえがき」の最後です。次のページからの「著者からのメッセージ」を読んでください。

※ このページの英語、中国語（簡体字）、韓国語、インドネシア語が
https://www.bonjinsha.com/wp/edc で公開されています。

言語文化教育と民主的シティズンシップ教育との関係

　ここまで、この本がどのような目的で作られたか、どういう学び方を目指しているか、そのためにこの本をどのように使えばいいか、この本で学ぶときに求められるものや注意したほうがよいことなどについて説明をしてきました。なんか今までの日本語教育の本と違うなあ、今までの授業のイメージと違うなあ、なぜそういう「対話」の授業を日本語教育の中で行うのかなあ、と疑問に思ったかもしれません。それについて、この本を作った私たちの考えを説明したいと思います。

　「この本の理念」のところを思い出してください。この本が大切にしている理念は「民主的シティズンシップ」です。私たち著者は、その「民主的シティズンシップ」を育てる教育が必要であると考えています。そして実はその「民主的シティズンシップ」を育てるために異文化間理解教育や日本語教育のような言語教育がとても役に立つのです。

　この社会を作っている私たち一人ひとりの中にはいろいろなアイデンティティや価値観があって多様です。使えることばも人によって違います。一人の人の中でも、よくできることばもあれば少ししかできないことばもあるし、会話はできるけど文字は読めないことばもあったり、文字は読めるけど聞くのは苦手ということばもあったりして、一人の人の中の言語能力も多様です。しかし、だからといってそれらのことばそのものに絶対的な価値の差があるわけではありません。ペラペラ話せることばのほうがポツポツと単語でしか話せないことばより、ことばとして本質的に、より価値があるということではないはずです。また、多数の人が使うことばのほうが、少数の人しか使わないことばより、社会的に価値があるということでもないはずです。

　教室という小さな社会の中もいろいろな人がいて多様性に満ちています。10人の学生がいたらその10人の言語能力はさまざまです。でも、だからといってことばができる人が人として偉いというわけでは決してありません。テストの点数がいいからその人が人間的に優れているとは言えないのと同じです。「理念と使い方をつなぐ6つのポイント」のところを思い出してください。学生も教師も「日本語話者」であるという点において「対等」であるということを書いています。日本語の先生は日本語を学んでいる学生より偉いでしょうか。すくなくとも日本語ができるというだけでは偉いとは言えません。もしそう言えるなら、先生ができない外国語（たとえば、学習者の母語）を自由に使える外国にルーツを持つ学生も同じように先生より偉いということになります。つまり、先生も学生も教室という社会に属しているという点で、ともに等しく価値を持っているのです。ある言語が使われる社会において対等な関係なのです。これはことばだけではな

く文化についても同じことが言えます。そしてそれらの人たちがゆるやかに結びついているのが私たちの生きている社会です。

　つまり教室も1つの社会なのです。そして、その「場」で学んでいる人は社会の構成員、つまり「市民」です。1つの社会の中で、多様な人たちが集まって、一緒に学ぶという目的でゆるやかに結びつきながら、1回の授業で1時間くらいの短い時間をともに生きているのです。これが言語教育の授業なのです。その多様性に富んでいるという特徴は教室の外の社会ととてもよく似ています。だから社会において、他者に寛容になり他者とともに生きていく、そのための姿勢や方法（そうです、それが「民主的シティズンシップ」と言われているものなのです）を学ぶために、言語教育はとても大きな可能性を持っているのです。この本が日本語教育のような言語教育の「場」を「民主的シティズンシップ教育」の「場」としようとしているのはそのためです。

　ここまで説明してきたことすべては「民主的シティズンシップ」を身につけ伸ばしていくためのものなのです。でも実際にこの本を使って学んでいるときには「民主的シティズンシップ」ということは考えなくてもいいです。「対話」の「場」を通して「批判的な姿勢で」「自分や他者に向き合い」「他者を寛容に受け止め」「いろいろなことに気づき」「他者と調整する」ことを意識して行ってください。楽しみながら「対話」と「異文化理解」の「場」を積み上げていってください。そうすれば自然と「民主的シティズンシップ」が身につき育っていくはずです。

　さあ、もう1ページめくってみてください。いよいよスタートです。民主的シティズンシップを学ぶための多様で自由な世界があなたを待っています！　「対話」を通して、楽しみながらほかの人の考えを知り、いろいろな価値観を持った人々と交わり、自分の世界を広げていってください。

2023年11月　名嶋義直，野呂香代子，三輪聖

第 1 部　読み方と対話のしかたを学ぶ

困ったな。どうしよう？

この課ですること

- ▶ 身近な問題について問題解決の方法や利用できるリソースを考える。
- ▶ 視野を広げ、身の回りにいろいろな問題が存在することに気づく。

EDC
- ▶ 身近な出来事を「政治」の問題として捉え直す。
- ▶ 社会のリソースを知ることによって、身近な政治の問題への関わり方を考える。
- ▶ 身近な出来事を社会の問題として捉え直してみることで「政治」について考える。

1. 自分の身近なことについて考えよう

一人で考えよう

次の (1)~(4) について考えましょう。なぜそう考えるのか根拠についても自分のことばで説明できるようにしましょう。

（1） 毎日の生活の中で「腹が立ったこと」「問題だと思うこと」などを何点かあげましょう。

　　例1：近所のゴミ集積所でゴミの出し方のルールが守られていない。
　　例2：お客が減ったからアルバイトをやめさせられた。

（2） なぜそのような問題が生じるのでしょうか。原因や理由を考えましょう。

（3） どうすればその問題を解決できるでしょうか。解決策を考えましょう。

（4） どこにどういう窓口や相談先があるか、自分があげた問題について考えましょう。

ペアで話し合おう

一人で考えたことについて、周囲の人とペアになって話し合いましょう。同じように考える点や考え方が異なる点などを確認し、ほかの人の考えも参考にしてさらに考えましょう。

2. 身近な個別の問題を 一般化して捉え直そう

👤 一人で考えよう

次の (1)(2) について考えましょう。なぜそう考えるのか根拠についても自分のことばで説明できるようにしましょう。

（1）前ページの 1 で考えた「身近な問題」は、結局のところ、何についてのどういう問題であると位置づけることができるでしょうか。例のように「身近な問題」を抽象化して「一般的な問題」として捉え直しましょう。

　　　例1：「下着の色は白」という中学校や高校の校則

　　　　　→その学校だけの問題ではなく、教育全体の問題や人権の問題

　　　例2：「男子の制服はスラックス、女子の制服はスカート」という校則

　　　　　→制服や校則の問題だけではなく、社会や文化が性別について何を前提としているかというジェンダーの問題

（2）（1）で抽象化したものを手がかりにして、「自分の身近な問題」と同じような問題がほかにあるか考えましょう。自分の経験していないことでもいいので、自分の身の回りで見たり聞いたりしている問題や、テレビや新聞、ネットなどで報じられている問題から具体的な例を探しましょう。

👥 ペアで話し合おう

一人で考えたことについて、周囲の人とペアになって話し合いましょう。1 つの身近な問題をいろいろな視点で捉え直し、一般化を行いましょう。同じように考える点や考え方が異なる点などを確認しましょう。

　　　例1：「下着の色は白」という中学校や高校の校則

　　　　　→教育全体の問題や人権の問題

　　　　　→多様性の否定

　　　例2：「男子の制服はスラックス、女子の制服はスカート」という校則

　　　　　→ジェンダーの問題

　　　　　→制服というもの自体が画一的で多様性の否定

　　　　　→学校による生徒の支配

👥 グループで話し合おう

（1）一人やペアで考えた「位置づけ方」についてグループで共有しましょう。同じような点を取り上げていても、ほかの人は自分では気づかなかった考えを持っているかもしれません。ほかの人の意見をよく聞いてさらに考えましょう。

（2）ほかのグループとメンバーを入れ替えて、最初のグループで話し合ったことを共有し、さらに深めましょう。どのような方法でもいいですが、「ワールドカフェ形式」で行うのもよいでしょう。ワールドカフェなど、共有の方法については、本書の特設ウェブページ（https://www.bonjinsha.com/wp/edc）にヒントがあります。

> 例１：若い人が選挙に行かない
> 　　　→家庭での教育の問題
> 　　　→学校での教育の問題
> 　　　→政治が特定の人のために行われていて市民のために行われていない問題
> 　　　→若い人が政治に興味や関心を持てないという問題
> 例２：若い人で自殺者が増えている
> 　　　→学校のいじめ問題
> 　　　→経済の問題
> 　　　→行政などの支援不足

🖥 クラスで話し合おう

各グループの意見を発表し、クラス全体で共有し、さらに考えましょう。

3. より深く考えよう

👤 一人で考えよう

次の (1)(2) について考えましょう。なぜそう考えるのか根拠についても自分のことばで説明できるようにしましょう。

（1）4-5 ページの 2 で考えたり捉え直したりした社会の問題を解決するために何をしたらいいでしょうか。

（2）4-5 ページの 2 で考えたり捉え直したりした社会の問題を解決しようと思っても、一人では難しいかもしれません。どのようなところに相談したりお願いをしたりすることができるでしょうか。問題解決のために使うことができるリソースをたくさんあげましょう。

👥 ペアで話し合おう

一人で考えたことについて、周囲の人とペアになって話し合いましょう。同じように考える点や考え方が異なる点などを確認しましょう。

👥 グループで話し合おう

ここまでに考えたことをグループで共有しましょう。自分では気づかなかった解決策や相談先を、ほかの人が知っているかもしれません。ほかの人の意見をよく聞いてさらに考えましょう。

🖥 クラスで話し合おう

各グループの意見を発表し、クラス全体で共有し、さらに考えましょう。

4. より広く考えよう

👤 一人で考えよう

人生の中で自分自身の生活環境が大きく変わるときがあります。そのようなときには問題も起こりがちです。スムーズに適応していくために、事前にどのようなことをしておくといいでしょうか。次の例1、例2について考えましょう。

例1：引越しをして新しい地域で暮らす
例2：留学や就職などで今までと違った生活を始める

👥 ペアで話し合おう

一人で考えたことについて、周囲の人とペアになって話し合いましょう。同じように考える点や考え方が異なる点などを確認しましょう。

👥 グループで話し合おう

自分自身の生活や環境が大きく変わると、どのような問題が起こりうるでしょうか。「想定される問題」について考え、ここまでの2や3で行ったように、一般化して位置づけたり、対策や窓口などを考えたり探したりしましょう。自分では気づかなかった解決策や相談先を、ほかの人が知っているかもしれません。ほかの人の意見をよく聞いて参考にしましょう。

👥 クラスで話し合おう

各グループの意見を発表し、クラス全体で共有し、さらに考えましょう。

5. 振り返ろう

この課で考えたテーマや活動を振り返りましょう。書きやすい言語で書いてください。

（1）これまで無意識だったこと、何か感じたこと、新しい気づきなどがありますか。

（2）ほかの人の意見で、よいと思ったものはありますか。

（3）以前と比較して自分の考えが変わったことはありますか。

（4）以前よりさらに強く思うようになったことはありますか。

（5）この課で学ぶ前と後とで、どのような能力が伸びたと思いますか。

（6）疑問に思うことはありますか。

6. 自分の学びを評価しよう

（1）身近なところに政治的な問題があることに気づくことができた。

（2）身近な問題を解決するための具体的な方法やリソースについて考えることができた。

（3）社会のリソースを知り、それらを使って具体的な社会問題に取り組むための行動の起こし方を考えることができた。

（4）身近な問題を考えることを通して社会や政治について考え主体的に関わろうとする姿勢を持つことができた。

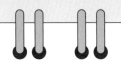

● まとめ

「私」と「社会」と「政治」の関係について整理しよう

①

【自分の問題は社会の問題、社会の問題は自分の問題】
自分にとって具体的で個別的だと思っていた問題も、抽象化すれば、ほかの人にも関係する問題だということが見えてきます。それとは逆に、抽象的な問題を身近な出来事に当てはめて理解し考えることも大切です。この両方の見方ができることで、私と社会、社会と政治、私と政治がつながります。具体的で個別的なものと抽象化されたものとを関連させて考えることは、人が社会で生きていくために求められる、とても大切な能力です。

②

【自分たちの問題はまず自分たちで考える】
自分の勉強で問題点があったら、まず自分で解決しようとしますよね。自分の家の問題はまず自分たち家族で話し合いますよね。社会の問題はその社会で生きている私たちの問題です。ですから、自分たちで何ができるか、どうすればいいか考えることは普通のことです。

③

【自分でできないことは「リソース」を利用しよう】
たとえば、うまくレポートが書けなくて困っているとします。皆さんならどうしますか。「レポートの書き方」を教えてくれる本を読んだり、ネットでコツを調べたり、上手に書く友だちに書き方をアドバイスしてもらったりしませんか。このように、問題解決のために役に立つリソースを探して活用することは大切です。

④

【「政治」とは、政治家や自治体だけの仕事ではありません】
政治家や自治体窓口もリソースの１つであって、その人たちだけが政治の問題に関わるわけではありません。逆に、私たちが社会の問題を解決しようとする中で政治家や自治体が専門的な仕事をするのです。

新聞記事の見出しを読もう (1)

この課ですること

► 新聞記事の見出しを読み、意味を理解する。
► 新聞記事の見出しの意味を手がかりにして、記事の内容を想像する。

EDC
► 一見すると「政治」とは無関係に思える出来事が、政治とつながっていて、毎日の生活が「政治」であることを確認する。
► 他者と対話をすることによって、その内容を多角的に捉え、「自分とは異なる考え」に触れ、多様性に気づく。
► 「自分とは異なる考え」を受け止めて対話することで、異なるものに対する寛容性を高める。

1. 新聞記事の見出しを読む前に

👤 一人で考えよう

興味を持った新聞記事の見出しをいくつか集めましょう。紙の新聞でもネットで配信されるものでもかまいません。そして、見出しの書き方の特徴を考えましょう。

👥 ペアで話し合おう

一人で考えたことについて、周囲の人とペアになって話し合いましょう。同じように考える点や考え方が異なる点などを確認しましょう。

2. 新聞記事の見出しを読もう

【見出し】

ランドセルって重い？　「リュック」派や「置き勉」派も（『朝日新聞 2018 年 5 月 28 日』）

「ベランダ喫煙」マンション理事会は紛糾　折衷案で解決（『朝日新聞 2018 年 7 月 16 日』）

全面禁煙の串カツ田中、想定外の来客 2 ％増　売上高は減（『朝日新聞 2018 年 7 月 5 日』）

奈良県産小麦 100％、新そうめん完成（『産経新聞 2019 年 3 月 14 日』）

お尻ふきの「お母さんを応援」文言削除　違和感の声受け（『朝日新聞 2018 年 7 月 8 日』）

2 人の「ももか」が野球部を支える　金足農のマネジャー（『朝日新聞 2018 年 8 月 4 日』）

気合？　楽？　球児なぜ丸刈り　支持根強い一方見直す動きも（『朝日新聞 2018 年 7 月 9 日』）

建設業を学ぶはずが…　福島で除染　憤るベトナム人実習生（『朝日新聞 2018 年 7 月 13 日』）

大学生が見た福島の姿がポスターに　滋賀・大津（『産経新聞 2019 年 3 月 11 日』）

昨年の訪日客 3119 万人…　6 年連続で最高更新（『読売新聞 2019 年 1 月 11 日』）

学校にスマホ、保護者は歓迎　悩む学校も「トラブルに」（『朝日新聞 2019 年 2 月 20 日』）

【高校野球】女子部員が制服姿で伝令に　福島大会で珍事、高野連が注意

（『産経新聞 2018 年 7 月 12 日』）

（語句の簡単な説明）
・　串カツ田中：全国に広がっている串カツ店の店名。
・　お尻ふき：赤ちゃんのお尻を拭くときに使う商品。
・　ももか：女性の名前。ひらがなだけではなくいろいろな漢字で書く場合もある。
・　金足農：秋田県立 金足農業高等学校の略称。
・　丸刈り：髪型の一種。髪を全体的にとても短くする。頭の丸い形がはっきりする。
・　福島：2011 年 3 月 11 日の東日本大震災に続いて原発事故が起こったところ。
・　伝令：監督のメッセージを選手に伝えることやその役割をする人。
・　高野連：日本の高校野球のいろいろなことを決めたり運営をしたりする組織の略称。正式名称は公益財団法人日本高等学校野球連盟。

3. 考えよう

👤 一人で考えよう

前ページの2の見出しについて、次の(1)(2)のことを考えましょう。なぜそう考えるのか、根拠についても自分のことばで説明できるようにしましょう。

（1）自分が持っている知識を使って、ことばでは表されていない文法構造を考えましょう。

（2）見出しに書かれていないことを想像したり、記事の内容を考えたりしましょう。

👥 ペアで話し合おう

一人で考えたことについて、周囲の人とペアになって話し合いましょう。同じように考える点や考え方が異なる点などを確認しましょう。

👨‍👩‍👧 グループで話し合おう

グループで見出しの意味を確認し、記事の内容を想像しましょう。同じような点を取り上げていても、ほかの人は自分では気づかなかった考えを持っているかもしれません。ほかの人の意見をよく聞いてさらに考えましょう。

🖥 クラスで話し合おう

各グループの意見を発表し、クラス全体で共有し、さらに考えましょう。

4. より深く考えよう

一人で考えよう

次の (1)(2) について考えましょう。なぜそう考えるのか根拠についても自分のことばで説明できるようにしましょう。

(1) ここまでに話し合ったことを参考にして、12 ページの 2 のすべての記事の見出しを「政治的なもの」とそうでないものに分け、政治的なものは「家族」「学校」「会社」「社会」「自治体」「国」などの分野に分類しましょう。

(2) 「政治的」ということについてどのように考えていますか。

ペアで話し合おう

一人で考えたことについて、周囲の人とペアになって話し合いましょう。同じように考える点や考え方が異なる点などを確認しましょう。

グループで話し合おう

(1) ほかの人の意見も参考にして、グループで話し合いながらもう一度すべての記事の見出しを政治的なものとそうでないものに分け、政治的なものだけ取り出しましょう。そしてそれらを「家族」「学校」「会社」「社会」「自治体」「国」などの分野に分類しましょう。最初の分け方や考えと変わってもかまいません。どの見出しの分け方が変わったかも確認しましょう。

(2) 「政治的なもの」に分類できない記事の見出しがありましたか。それはどのような記事の見出しですか。なぜ「政治的なものではない」と考えるのか、その理由を話し合いましょう。

(3) ほかのグループとメンバーを入れ替えて、最初のグループで話し合ったことを共有し、さらに深めましょう。どのような方法でもいいですが、「ワールドカフェ形式」で行うのもよいでしょう。ワールドカフェなど、共有の方法については、本書の特設ウェブページ（https://www.bonjinsha.com/wp/edc）にヒントがあります。

🏫 クラスで話し合おう

ここまでのディスカッションをふまえ、次の (1)〜(4) について話し合いましょう。

（1）各グループの意見を発表し、クラス全体で共有し、さらに考えましょう。

（2）「政治的ではない」という意見の見出しがあったら、本当にその記事が「政治的ではない」かどうか、話し合いましょう。

（3）「最後まで政治的ではないと考えていた記事の見出し」があったら、それとよく似た内容のほかの事象を身近なところから探しましょう。自分の経験していないことでもいいので、自分の身の回りで見たり聞いたりしている問題や、テレビや新聞などで報じられている問題から探しましょう。

（4）(3) で探した事象について「政治的かどうか」「なぜそう考えるか」を話し合いましょう。そして、それを参考にして「最後まで政治的でないと考えていた記事」についても、もう一度「政治的かどうか」「なぜそう考えるか」を話し合いましょう。

この課で考えたテーマや活動を振り返りましょう。書きやすい言語で書いてください。

（1）これまで無意識だったこと、何か感じたこと、新しい気づきなどがありますか。

（2）ほかの人の意見で、よいと思ったものはありますか。

（3）以前と比較して自分の考えが変わったことはありますか。

（4）以前よりさらに強く思うようになったことはありますか。

（5）この課で学ぶ前と後とで、どのような能力が伸びたと思いますか。

（6）この課を学んで、「政治的」ということについてどのように考えるようになりましたか。

（7）疑問に思うことはありますか。

6. 自分の学びを評価しよう

（1）新聞記事の見出しの内容を理解することができた。

（2）新聞記事の見出しを手がかりに、記事の内容を想像することができた。

（3）「政治」とは無関係に思える出来事が、実は政治とつながっていて、毎日の生活が「政治」であることを学ぶことができた。

（4）他者と対話をすることによって、「自分とは異なる考え」に触れ、多様性に気づくことができた。

（5）他者と対話をすることを通して、自分とは異なる意見を受け止めることができた。

（6）ものごとを多角的に捉えることができた。

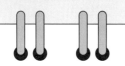
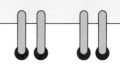

Democratic citizenship education

多様性について整理しよう

① 私たちはものごとを考えるときに、自分の知識や経験や価値観など を基準にして考えます。それは当たり前のことですが、違う知識や 経験や価値観を基準にして考えれば、違う意見や考え方が生まれて きます。私と他者とは別の人間なので、違う考え方を持っていて当 然なのです。

② しかし、私たちは自分と同じ考えや同じ考え方をする人は受け入れ ますが、違う意見や異なる意見を持つ人はなかなか受け入れられず、 ときには否定したり排除したり攻撃したりすることがあります。で すが、この課の活動で体験したように、違う意見や異なる意見を持 つ人は、私の視野を広げたり考えを深めたりしてくれます。同じよ うに、私の意見や私の存在が、ほかの意見や他者にとって視野を広 げたり考えを深めたりするために重要な意味を持つとも言えます。 私たちは皆一人ひとり異なっていますが、異なっていることに意味 があり、一人ひとりに優劣の差はありません。皆が皆、お互いにとっ て大切な存在なのです。多様性は豊かな社会に不可欠です。

③ お互いがお互いを尊重し寛容になることで多様性が豊かになりま す。そこで重要になってくるのが「対話」です。対話することで、 自分と同じこと、わかりあえること、自分とは違うこと、違うけど 受け止められること、受け止められないこと、ここまではわかりあ えるという地点、ここからはわかりあえないという地点が見えてき ます。この「ここまではわかりあえて、ここからはわかりあえない」 ということが「わかる」ことも「わかりあえたこと」なのです。

新聞記事の
見出しを読もう (2)

この課ですること

▶ 言語表現に意識を向けながら文章を読む。
▶ 自分の頭の中にある前提や一般常識に意識を向けながら文章を読む。

▶ 批判的な読みを行うとき、どのようなところに着目して読むとよいか、そのいくつかを知る。
▶ それらの着目点を意識して批判的に読む。

1. 新聞記事の見出しを読む前に

👤 一人で考えよう

新聞記事の見出しを読む前に、下の (1)(2) について考えましょう。

（1）「批判的に読む」とはどういうことだと思いますか。

（2）どのような点に気をつけて読めば「批判的に読む」ことができると思いますか。

👥 ペアで話し合おう

一人で考えたことについて、周囲の人とペアになって話し合いましょう。同じように考える点や考え方が異なる点などを確認しましょう。

2. 新聞記事の見出しを読もう

【見出し】

お尻ふきの「お母さんを応援」文言削除　違和感の声受け（『朝日新聞 2018 年 7 月 8 日』）

2 人の「ももか」が野球部を支える　金足農のマネジャー（『朝日新聞 2018 年 8 月 4 日』）

気合？　楽？　球児なぜ丸刈り　支持根強い一方見直す動きも（『朝日新聞 2018 年 7 月 9 日』）

大学生が見た福島の姿がポスターに　滋賀・大津（『産経新聞 2019 年 3 月 11 日』）

女子部員が制服姿で伝令に　福島大会で珍事、高野連が注意（『産経新聞 2018 年 7 月 12 日』）

3. 考えよう

👤 一人で考えよう

次の (1)~(4) について考えましょう。なぜそう考えるのか根拠についても自分のことばで説明できるようにしましょう。

（1）2 の新聞記事の見出しは 2 課で使ったものです。読んで、気になることばや表現に線を引きましょう。

（2）なぜそこが気になるのかことばにしましょう。

（3）（2）で考えたことが、どのような読み方に、どのように役立つか考えましょう。

（4）（1）~（3）をもとに、批判的に読むときのポイント（着目点）をまとめましょう。

👥 ペアで話し合おう

一人で考えたことについて、周囲の人とペアになって話し合いましょう。同じように考える点や考え方が異なる点などを確認しましょう。

👥 グループで話し合おう

（1）ここまでに考えたことをグループで共有しましょう。同じような点を取り上げていても、ほかの人は自分では気づかなかった考えを持っているかもしれません。ほかの人の意見をよく聞いてさらに考えましょう。

（2）線を引いたところは皆さんが着目したところです。皆さんは「どういう特徴を持っているところ」に着目しましたか。下の例も参考にして、どういう特徴を持っているところが、自分にとっての「批判的な読みのための着目点」になったかを考え、グループの意見をまとめましょう。

　　例：「女子」というところに線を引いた
　　　　→「性別」や「ジェンダー」という特徴に着目した。

🖥 クラスで話し合おう

各グループの意見を発表し、クラス全体で共有し、さらに考えましょう。

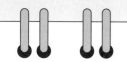
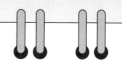

● ここまでのまとめ

批判的な読みのための着目点

いろいろな点が「批判的な読みのための着目点」になります。使われていることばに着目することもできますし、社会的な背景や歴史に着目することもできます。価値観や評価といった目に見えにくいものに着目することが重要になります。そこで以下では、どのような文章を読むときにも使うことができ、わかりやすい着目点を5つ紹介します。ポイント1〜ポイント5をまとめて記述した40ページとあわせて確認しましょう。

☑ 批判的な読みのための知識を増やそう

ポイント1　どのような表現で呼ばれているか確認しよう
ポイント2　誰の立場で描かれているか確認しよう
ポイント3　肯定的に描かれているか否定的に描かれているか確認しよう
ポイント4　主張に論理性があるか確認しよう
ポイント5　強調や曖昧な表現を確認しよう

4. 批判的な読みのための知識を増やそう ポイント (1)

 一人で考えよう

下の新聞記事の見出しを読んで、次の (1)(2) について考えましょう。なぜそう考えるのか根拠についても自分のことばで説明できるようにしましょう。

お尻ふきの「お母さんを応援」文言削除　違和感の声受け (『朝日新聞 2018 年 7 月 8 日』)

(1) 見出しの中に出てくる「人や集団」を指し示すことばについて考えましょう。

(2) 「お尻ふき」とは赤ちゃんのお尻を拭いて、きれいにするウエットティッシュのようなものです。この見出しから、私たちは「お母さん」の役割や「子育て」ということをどのように考えていると言えるでしょうか。

ペアで話し合おう

次の (1)~(3) について周囲の人とペアになって話し合いましょう。同じように考える点や考え方が異なる点などを確認しましょう。

(1) この新聞記事の見出しでは「お母さん」という集団名が使われています。皆さんは「お母さん」ということばからどのようなことを考えますか。

(2) 「お父さん」のことも考えてみましょう。男性は自分の体を使って子どもを産むことはできません。ではお母さんが産んだ子どもを育てることもできないでしょうか、それともできるでしょうか。お父さんもお尻ふきを使って赤ちゃんのお尻をきれいにするということはありえるでしょうか、それともありえないでしょうか。

(3) この商品には「お母さんを応援」という文言が書いてあったということです。「お父さんを応援」とは書いてなかったようです。それはどのような「社会の考え方」を表していると言えるでしょうか。

👥 グループで話し合おう

（1）ここまでに考えたことをグループで共有しましょう。同じような点を取り上げていても、ほかの人は自分では気づかなかった考えを持っているかもしれません。ほかの人の意見をよく聞いてさらに考えましょう。「子どもを育てるのは誰か」ということについてさらに話し合いましょう。

（2）下の新聞記事の見出しの中にある「マネージャー」という語には、私たちの社会のどのような前提が隠されていると考えられますか。「ももか」というのは野球部のマネージャーをしている高校生の名前です。「お母さんを応援」の例と同じように考えましょう。

2人の「ももか」が野球部を支える　金足農のマネジャー（『朝日新聞 2018 年 8 月 4 日』）

📺 クラスで話し合おう

ここまでのディスカッションをふまえ、次の (1)~(3) について話し合いましょう。

（1）各グループの意見を発表し、クラス全体で共有し、さらに考えましょう。

（2）興味や関心のある社会問題に関して、人々や集団や組織がどのような表現で名付けられているか調べましょう。

　　例：LGBTQ、日本国内に住んでいる外国人、人の名前につける「君／さん／ちゃん」

（3）人々や集団や組織を表す表現をいろいろな別の表現に言い換えて、どう印象が変わるか話し合って考えましょう。

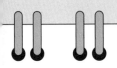
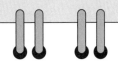

批判的な読みのための知識を増やそう

【ポイント1】 どのような表現で
呼ばれているか確認しよう

ある人や集団がどのような表現で呼ばれているかに着目しましょう。その呼び方や
そこで使われることばは、私たち社会がどのような考えや行動を前提視している（当
たり前だと思って、特に問題にしていない）かを、目に見える形にしてくれます。
そこに特定の「価値観」や「評価」が読み取れる場合もあります。

Democratic citizenship education

☑ 批判的な読みのための知識を増やそう

ポイント1　どのような表現で呼ばれているか確認しよう
ポイント2　誰の立場で描かれているか確認しよう
ポイント3　肯定的に描かれているか否定的に描かれているか確認しよう
ポイント4　主張に論理性があるか確認しよう
ポイント5　強調や曖昧な表現を確認しよう

5. 批判的な読みのための知識を増やそう ポイント (2)

👤 一人で考えよう

下の新聞記事の見出しを読んで、(1)(2) について考えましょう。なぜそう考えるのか根拠についても自分のことばで説明できるようにしましょう。

女子部員が制服姿で伝令に　福島大会で珍事、高野連が注意 『産経新聞 2018 年 7 月 12 日』

（1）見出しには当事者として「女子部員」と「高野連」という名前が出てきます。この記事はどちらの立場で描かれているでしょうか。

（2）(1) のように考えた根拠を考えましょう。

👥 ペアで話し合おう

次の (1)(2) について周囲の人とペアになって話し合いましょう。同じように考える点や考え方が異なる点などを確認しましょう。

（1）見出しの最初に描かれている出来事が話題ですが、それは「珍事」と捉えられているようです。誰が「珍しいこと」と捉えているのでしょうか。「女子部員」でしょうか、「高野連」でしょうか。

（2）見出しは「注意」で終わっています。注意したのは誰ですか。注意されたのは誰ですか。その書き方と「記事の立場」とにはどのような関係があるでしょうか。

👥 グループで話し合おう

（1）ここまでに考えたことをグループで共有しましょう。同じような点を取り上げていても、ほかの人は自分では気づかなかった考えを持っているかもしれません。ほかの人の意見をよく聞いてさらに考えましょう。

（2）記事を書く記者は、「女子部員」（または「高校」）と「高野連」のどちらの立場からも記事を書くことができたと考えられます。新聞記者になったつもりで「女子部員」の立場で見出しをつけましょう。その見出しで記事を書くとしたらどのような内容になるかも考えましょう。

（3）新聞記者が意図的に「高野連」の立場から見出しや記事を書いたとしたら、それは読む人に対して、どういう影響を与える可能性があると思いますか。そう考える根拠はどこにありますか。同じことを、「女子部員」の立場で書いた見出しや記事についても考えましょう。

🖥 クラスで話し合おう

ここまでのディスカッションをふまえ、次の (1)(2) について話し合いましょう。

（1）各グループの意見を発表し、クラス全体で共有し、さらに考えましょう。

（2）ほかの記事についても同じように考えましょう。たとえば、下の記事の見出しについてはどうでしょうか。見出しの中に現れている立場・現れていない立場、いろいろな立場から考えてみましょう。そして、それぞれの「立場」で見出しを書きましょう。見出しごとに、どのような内容の記事になるかも想像しましょう。

全面禁煙の串カツ田中、想定外の来客２％増　売上高は減（『朝日新聞 2018 年 7 月 5 日』）

学校にスマホ、保護者は歓迎　悩む学校も「トラブルに」（『朝日新聞 2019 年 2 月 20 日』）

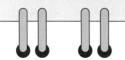

批判的な読みのための知識を増やそう

【ポイント2】誰の立場で 描かれているか確認しよう

「誰が」「何を」「どうした」に着目して読むと「誰の立場で描かれているか」が見えてきます。1つの文や談話が複数の立場で描かれていることもよくあります。この「ポイント2」は次の「ポイント3」とも関係しています。

☑ **批判的な読みのための知識を増やそう**

ポイント1　どのような表現で呼ばれているか確認しよう
ポイント2　誰の立場で描かれているか確認しよう
ポイント3　肯定的に描かれているか否定的に描かれているか確認しよう
ポイント4　主張に論理性があるか確認しよう
ポイント5　強調や曖昧な表現を確認しよう

Democratic citizenship education

6. 批判的な読みのための知識を増やそう　ポイント（3）

 一人で考えよう

(1)(2) の新聞記事の見出しについて考えましょう。評価を伴っていると考えられることばに線を引き、誰のどのような評価が表されているか考えましょう。なぜそう考えるのか根拠についても自分のことばで説明できるようにしましょう。

（1）女子部員が制服姿で伝令に　福島大会で珍事、高野連が注意 （『産経新聞 2018 年 7 月 12 日』）

　　　例：「注意」に下線を引いた

　　　　　→高野連が女子部員の行動をよくないことと評価している

（2）2 人の「ももか」が野球部を支える　金足農のマネジャー （『朝日新聞 2018 年 8 月 4 日』）

ペアで話し合おう

一人で考えたことについて周囲の人とペアになって話し合いましょう。同じように考える点や考え方が異なる点などを確認しましょう。

グループで話し合おう

（1）ここまでに考えたことをグループで共有しましょう。同じような点を取り上げていても、ほかの人は自分では気づかなかった考えを持っているかもしれません。ほかの人の意見をよく聞いてさらに考えましょう。

（2）上の (2) の「ももか」は女子高生の名前です。2 つの見出しの中に出てくる女子高生の描き方を比べましょう。描き方は同じですか、違いますか。同じだとしたらどこがどう同じですか。違うとしたらどこがどう違いますか。見出しの中から評価の意味を持つ表現にも着目し、何についてどういう評価をされているか話し合いましょう。

（3）もし両方の描き方が同じだとしたら、それは何を意味していると思いますか。また、もし両方の描き方が違うとしたら、その違いは何を意味していると思いますか。なぜそう思うかも考えましょう。

👥 クラスで話し合おう

ここまでのディスカッションをふまえ、次の (1)(2) について話し合いましょう。

（1）各グループの意見を発表し、クラス全体で共有し、さらに考えましょう。

（2）ほかの記事についても同じように考えましょう。たとえば、下の記事の見出しについては
　　どうでしょうか。

「ベランダ喫煙」マンション理事会は紛糾（『朝日新聞 2018 年 7 月 16 日』）

奈良県産小麦 100％、新そうめん完成（『産経新聞 2019 年 3 月 14 日』）

ランドセルって重い？　「リュック」派や「置き勉」派も（『朝日新聞 2018 年 5 月 28 日』）

お尻ふきの「お母さんを応援」文言削除　違和感の声受け（『朝日新聞 2018 年 7 月 8 日』）

全面禁煙の串カツ田中、想定外の来客 2％ 増　売上高は減（『朝日新聞 2018 年 7 月 5 日』）

学校にスマホ、保護者は歓迎　悩む学校も「トラブルに」（『朝日新聞 2019 年 2 月 20 日』）

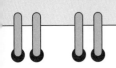

【ポイント 3】肯定的に描かれているか 否定的に描かれているか確認しよう

文章の中には、はっきり「いい」「悪い」などの評価を表していることばが使われている場合もあれば、はっきりと評価している表現では書いていない場合もあります。しかし、いろいろなことばがどのような状況でどのような意味で使われているかを考えると、誰が何をどのように捉えているかが読み取れる場合があります。この「ポイント 3」は先に学んだ「ポイント 2（誰の立場で描くか）」とも関係しています。

 批判的な読みのための知識を増やそう

ポイント 1 　どのような表現で呼ばれているか確認しよう
ポイント 2 　誰の立場で描かれているか確認しよう
ポイント 3 　肯定的に描かれているか否定的に描かれているか確認しよう
ポイント 4 　主張に論理性があるか確認しよう
ポイント 5 　強調や曖昧な表現を確認しよう

7. 批判的な読みのための知識を増やそう ポイント (4)

一人で考えよう

下の新聞記事の見出しについて考えましょう。(1)(2) について、なぜそう考えるのかも自分のことばで説明できるようにしましょう。

気合？　楽？　球児なぜ丸刈り　支持根強い一方見直す動きも（『朝日新聞 2018 年 7 月 9 日』）

（1）見出しから「球児の丸刈り」が支持されている理由を読み取りましょう。その根拠の論理的な妥当性についても考えましょう。

（2）見出しを読むと、丸刈りを見直す動きもあることがわかります。その理由は見出しには書かれていませんが、自分が球児だったら、球児の親だったら、高校の先生だったら、と考えて、「丸刈りを支持する理由」や「丸刈りを見直す動きの根拠」についても考えましょう。

ペアで話し合おう

一人で考えたことについて、周囲の人とペアになって話し合いましょう。同じように考える点や考え方が異なる点などを確認しましょう。

グループで話し合おう

ここまでに考えた根拠の論理的な妥当性についてグループで話し合いましょう。記事の見出しの中に書かれている内容や、自分が球児や球児の親や高校の先生だと仮定して考えた「丸刈りを支持する理由」「丸刈りを見直す動きの根拠」について共有しましょう。同じような点を取り上げていても、ほかの人は自分では気づかなかった考えを持っているかもしれません。ほかの人の意見をよく聞いてさらに考えましょう。

クラスで話し合おう

ここまでのディスカッションをふまえ、次の (1)~(3) について話し合いましょう。

（1）各グループの意見を発表し、クラス全体で共有し、さらに考えましょう。

（2）下の見出しには、「珍事」や「注意」ということばが出てきます。なぜこの出来事は「珍事」なのでしょうか。なぜこの出来事は「注意」されたのでしょうか。皆さんは「注意」という判断に納得できますか。それとも納得できませんか。理由の妥当性についてクラスで話し合いましょう。

女子部員が制服姿で伝令に　福島大会で珍事、高野連が注意（『産経新聞 2018 年 7 月 12 日』）

（3）次の見出しについても「なぜ？」という視点で考え、意見と根拠、それらの間の論理性について、同じように考えてみましょう。

建設業を学ぶはずが…　福島で除染　憤るベトナム人実習生（『朝日新聞 2018 年 7 月 13 日』）

学校にスマホ、保護者は歓迎　悩む学校も「トラブルに」（『朝日新聞 2019 年 2 月 20 日』）

「ベランダ喫煙」マンション理事会は紛糾（『朝日新聞 2018 年 7 月 16 日』）

奈良県産小麦 100%、新そうめん完成（『産経新聞 2019 年 3 月 14 日』）

ランドセルって重い？　「リュック」派や「置き勉」派も（『朝日新聞 2018 年 5 月 28 日』）

批判的な読みのための知識を増やそう

【ポイント4】 主張に論理性があるか 確認しよう

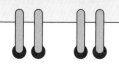

Democratic citizenship education

私たちが意見を述べたり何かを決めたりするときには、必ずそのように判断する理由（根拠）があります。「なんとなく決める」ということもありますが、それは自分で意識していないだけで、何かと何かを比べたり自分の考え方に合っているかどうか考えたりして決めていると考えられます。この意見と根拠との間に、多くの人が論理性を見いだせれば、その意見は説得力が増しますが、論理性が乏しければ説得力を失います。そこで、意見に対応する根拠が書かれているか、意見と根拠との間の論理性があるか、などに着目することも、批判的読みのための重要な着目点になります。

☑ 批判的な読みのための知識を増やそう

ポイント1　どのような表現で呼ばれているか確認しよう
ポイント2　誰の立場で描かれているか確認しよう
ポイント3　肯定的に描かれているか否定的に描かれているか確認しよう
ポイント4　主張に論理性があるか確認しよう
ポイント5　強調や曖昧な表現を確認しよう

一人で考えよう

下の新聞記事の見出しについて考えましょう。(1)(2) について、なぜそう考えるのかも自分のことばで説明できるようにしましょう。

大学生が見た福島の姿がポスターに　滋賀・大津 　（『産経新聞 2019 年 3 月 11 日』）

（1）見出しで使われている「福島」ということばについてどう思いますか。何を指しているでしょうか。たとえば、「福島」という名前が、単なる地名だけではない意味で使われているとしたら、それは何を指していると考えられますか。

（2）(1) で考えた「単なる地名だけではない意味」の表現を見出しに使った場合と、単に「福島」という「地名だけの意味」で使った場合とで、読み方がどう変わるか考えましょう。

ペアで話し合おう

一人で考えたことについて、周囲の人とペアになって話し合いましょう。同じように考える点や考え方が異なる点などを確認しましょう。

グループで話し合おう

（1）ここまでに考えたことをグループで共有しましょう。同じような点を取り上げていても、ほかの人は自分では気づかなかった考えを持っているかもしれません。ほかの人の意見をよく聞いてさらに考えましょう。

（2）もし、「単なる地名だけではない意味」と「単なる地名だけの意味」とのどちらも使うことができた人が、どちらか 1 つを意図的に選んで使ったとしたら、その人は何を強調して伝えたかったのでしょうか。または、ぼかすことで、何を伝えないようにしたかったのでしょうか。そう考える根拠も出し合いながら、グループで話し合いましょう。

🗣 クラスで話し合おう

ここまでのディスカッションをふまえ、次の (1)～(3) について話し合いましょう。

（1）各グループの意見を発表し、クラス全体で共有し、さらに考えましょう。

（2）次の見出しについても、強調やぼやかしがないか考えましょう。

- 元原発事故担当相としての責任「処理水は海洋放出すべきだ」

  （『毎日新聞 2019 年 12 月 2 日』）

- 福島第一の排気筒　人力で切断着手　作業員被ばくリスク（『東京新聞 2019 年 12 月 3 日』）

- 昨年の訪日外国人客、3 年ぶり増加の 383 万 1900 人…　ピーク比では 1 割にとどまる

  （『読売新聞 2019 年 1 月 11 日』）

- 奈良県産小麦 100%、新そうめん完成（『産経新聞 2019 年 3 月 14 日』）

- 全面禁煙の串カツ田中、想定外の来客 2%増　売上高は減（『朝日新聞 2018 年 7 月 5 日』）

（3）(2) の見出しの中から、強調していることばを見つけて削除してみましょう。また曖昧な表現を別の言い方で明確に言い表してみましょう。そして読んだときに印象がどう変わるか考えましょう。そう考える根拠も自分のことばで考えましょう。

　　例 1：全面禁煙の串カツ田中→店内禁煙の串カツ田中
　　例 2：「処理水」→「放射性物質で汚染された水からある程度の放射性物質を取り除いた水」

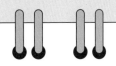

【ポイント5】 強調や曖昧な表現を確認しよう

私たちが何かについて語るとき、強調したい場合もあれば、あまりはっきりと言いたくなくてぼやかしたい場合もあります。何を強調しているか、何を曖昧にぼやかしているか、に着目することで、そこにどのような考えが隠れているのか明らかにすることができます。これも批判的な読みのための着目点の1つです。

☑ **批判的な読みのための知識を増やそう**

ポイント1　どのような表現で呼ばれているか確認しよう
ポイント2　誰の立場で描かれているか確認しよう
ポイント3　肯定的に描かれているか否定的に描かれているか確認しよう
ポイント4　主張に論理性があるか確認しよう
ポイント5　強調や曖昧な表現を確認しよう

この課で考えたテーマや活動を振り返ってみましょう。書きやすい言語で書いてください。

（1）これまで無意識だったこと、何か感じたこと、新しい気づきなどがありますか。

（2）ほかの人の意見で、よいと思ったものはありますか。

（3）以前と比較して自分の考えが変わったことはありますか。

（4）以前よりさらに強く思うようになったことはありますか。

（5）疑問に思うことはありますか。

10. 自分の学びを評価しよう

（1）「批判的な読みのための知識を増やそう　ポイント (1)」について理解できた。

（2）「批判的な読みのための知識を増やそう　ポイント (2)」について理解できた。

（3）「批判的な読みのための知識を増やそう　ポイント (3)」について理解できた。

（4）「批判的な読みのための知識を増やそう　ポイント (4)」について理解できた。

（5）「批判的な読みのための知識を増やそう　ポイント (5)」について理解できた。

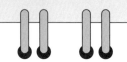

批判的な読みのための知識を増やそう

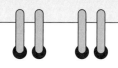

まとめ

① 【ポイント1】どんな表現で呼ばれているか確認しよう

ある人や集団がどのような表現で呼ばれているかに着目しましょう。その呼び方やそこで使われることばは、私たち社会がどのような考えや行動を前提視している（当たり前だと思って特に問題にしていない）かを、目に見える形にしてくれます。

② 【ポイント2】誰の立場で描かれているか確認しよう

「誰が」「何を」「どうした」に着目して読むと「誰の立場で描かれているか」が見えてきます。1つの文や談話が複数の立場で描かれていることもよくあります。この「ポイント2」は次の「ポイント3」とも関係しています。

③ 【ポイント3】肯定的に描かれているか否定的に描かれているか確認しよう

文章の中には、はっきり「いい」「悪い」などの評価を表していることばが使われている場合もあれば、はっきりと評価している表現では書いていない場合もあります。しかし、いろいろなことばがどのような状況でどのような意味で使われているかを考えると、誰が何をどのように捉えているかが読み取れる場合があります。この「ポイント3」は先に学んだ「ポイント2（誰の立場で描くか）」とも関係しています。

④ 【ポイント4】主張に論理性があるか確認しよう

私たちが意見を述べたり何かを決めたりするときには、必ずそのように判断する理由（根拠）があります。「なんとなく決める」ということもありますが、それは自分で意識していないだけで、何かと何かを比べたり自分の考え方に合っているかどうか考えたりして決めていると考えられます。この意見と根拠との間に、多くの人が論理性を見いだせれば、その意見は説得力が増しますが、論理性が乏しければ説得力を失います。そこで、意見に対応する根拠が書かれているか、意見と根拠との間の論理性があるか、などの点も、批判的読みのための重要な着目点になります。

⑤ 【ポイント5】強調や曖昧な表現を確認しよう

私たちが何かについて語るとき、強調したい場合もあれば、あまりはっきりと言いたくなくてぼやかしたい場合もあります。何を強調しているか、何を曖昧にぼやかしているか、に着目することで、そこにどのような考えが隠れているのか明らかにすることができます。これも批判的な読みのための着目点の1つです。

新聞記事を読もう

この課ですること

TEXT
- ▶ 短い新聞記事を読み、背景や事実関係を理解する。
- ▶ 新聞記事の内容を批判的に考察し、自分の意見や根拠を説明する。

EDC
- ▶ 他者との対話を積み上げながら、自分の意見とは異なる内容の意見や考え方を いったん受け止めた上で、自分の意見や考え方とあわせて検討し、さらに考える。
- ▶ 新聞記事の内容を自分の周囲・社会に引き寄せて、より深く、より広く考える。

1. 新聞記事を読む前に

 ### 一人で考えよう

新聞記事を読む前に、下の (1)~(5) について考えましょう。

（1） どのようなときにどのようなところで国旗を見ますか。

（2） 国旗を見るとどのような気持ちになりますか。なぜそう感じるのでしょうか。

（3） 国旗を掲げる人はどのような気持ちを持っていると思いますか。なぜそう思いますか。

（4） 国旗を掲げたくない人はどのような気持ちを持っていると思いますか。なぜそう思いますか。

（5） 国旗とは、結局のところ、どういうものでしょうか。

 ### ペアで話し合おう

一人で考えたことについて、周囲の人とペアになって話し合いましょう。同じように考える点 や考え方が異なる点などを確認しましょう。

2. 新聞記事を読もう

[中国少林寺、初の国旗掲揚　宗教統制強化の一環]

【北京共同】禅宗や中国武術、少林拳の発祥地とされる中国河南省の少林寺で 27 日、中国国旗の掲揚式が行われた。中国メディアは 28 日、少林寺の 1,500 年を超える歴史で国旗が掲揚されたのは初めてと伝えた。習近平指導部は宗教への統制を強めており、伝統ある寺での国旗掲揚はその一環。

　少林寺のホームページによると、掲揚式には寺の僧侶のほか、地元政府の宗教部門の責任者らも参加した。全国の宗教関係者が集まり 7 月末に北京で開かれた会議で、宗教活動拠点では国旗を掲揚するべきだとの提案があり、その提案に従ったという。

『産経新聞 2018 年 8 月 28 日』

中国河南省の少林寺で行われた
国旗掲揚式 = 27 日（共同）

3. 考えよう

👤 一人で考えよう

次の (1)〜(5) について考えましょう。なぜそう考えるのか根拠についても自分のことばで説明できるようにしましょう。

（1）少林寺の人たちは、なぜこれまで国旗を掲げてこなかったのでしょうか。

（2）中国の指導部はなぜ少林寺に国旗を掲げさせたかったのでしょうか。

（3）人や組織に国旗を掲げるように提案することはどういう意味を持っているでしょうか。

（4）その提案を受け入れることや受け入れないことはどういう意味を持つでしょうか。

（5）なぜこの記事は「国旗を掲げたこと」を話題にしたのでしょうか。日本の通信社・新聞社が、中国の話題を取り上げて、日本人向けに記事にすることの意味を考えてみましょう。

👥 ペアで話し合おう

一人で考えたことについて、周囲の人とペアになって話し合いましょう。同じように考える点や考え方が異なる点などを確認しましょう。

👥 グループで話し合おう

（1）ここまでに考えたことをグループで共有しましょう。同じような点を取り上げていても、ほかの人は自分では気づかなかった考えを持っているかもしれません。ほかの人の意見をよく聞いてさらに考えましょう。

（2）ほかのグループとメンバーを入れ替えて、最初のグループで話し合ったことを共有し、さらに深めましょう。どのような方法でもいいですが、「ワールドカフェ形式」で行うのもよいでしょう。ワールドカフェなど、共有の方法については、本書の特設ウェブページ (https://www.bonjinsha.com/wp/edc) にヒントがあります。

🖥 クラスで話し合おう

各グループの意見を発表し、クラス全体で共有し、さらに考えましょう。

4. より深く考えよう

👤 一人で考えよう

次の (1)~(5) について考えましょう。なぜそう考えるのか根拠についても自分のことばで説明できるようにしましょう。

（1）国旗をめぐるニュースにはほかにどのようなものがありますか。探してみましょう。

（2）国旗を積極的に掲げる人はどのような考えを持った人だと思いますか。

（3）国旗を掲げたくない人にはどのような考えを持った人がいると思いますか。

（4）国を愛していれば国旗を掲げるのでしょうか。逆に、国旗を掲げないということは国を愛していないということになるのでしょうか。それとも、国旗を掲げることと国を愛することは関係がないのでしょうか。

（5）結局、国旗とはどういうものだと思いますか。

👥 ペアで話し合おう

一人で考えたことについて、周囲の人とペアになって話し合いましょう。同じように考える点や考え方が異なる点などを確認しましょう。

👥 グループで話し合おう

ここまでに考えたことをグループで共有しましょう。同じような点を取り上げていても、ほかの人は自分では気づかなかった考えを持っているかもしれません。ほかの人の意見をよく聞いてさらに考えましょう。

🖥 クラスで話し合おう

各グループの意見を発表し、クラス全体で共有し、さらに考えましょう。

5. より広く考えよう

👤 一人で考えよう

次の (1)~(3) について考えましょう。なぜそう考えるのか根拠についても自分のことばで説明できるようにしましょう。

(1) 国旗と同じような意味や働きで使われるものにどのようなものがあると思いますか。自分たちの周囲にある「国旗的なもの」を探しましょう。

(2) 自分たちの周囲にある「国旗的なもの」についてどう思いますか。

(3) 自分たちの周囲にある「国旗的なもの」についてあなたはどういう行動を取っていますか。

> 例：受け入れている、受け入れているが受け入れている人たちと同じような行動はとらない、
>   受け入れていないが受け入れている人たちと同じような行動をする、
>   受け入れていない、など。

👥 ペアで話し合おう

一人で考えたことについて、周囲の人とペアになって話し合いましょう。同じように考える点や考え方が異なる点などを確認しましょう。

👥 グループで話し合おう

(1) ここまでに考えたことをグループで共有しましょう。同じような点を取り上げていても、ほかの人は自分では気づかなかった考えを持っているかもしれません。ほかの人の意見をよく聞いてさらに考えましょう。

(2) ほかのグループとメンバーを入れ替えて、最初のグループで話し合ったことを共有し、さらに深めましょう。どのような方法でもいいですが、「ワールドカフェ形式」で行うのもよいでしょう。

🏫 クラスで話し合おう

ここまでのディスカッションをふまえ、次の (1)(2) について話し合いましょう。

（1）もし国旗や国旗的なものが、社会において何か問題を生じさせるとしたら、どのような問題が起こりうるでしょうか。

（2）どのようにすればその問題を未然に防いだり解決したりできるでしょうか。解決策を考えましょう。

6. 発展

下の (1)(2) について考えましょう。

（1）過去の歴史を振り返り、国旗的なものと国家権力とが強く結びついていた事例を 2 つ以上探してみましょう。自分の国のことでも外国のことでもかまいません。

（2）(1) で調べた国旗的なものは、現在どのような評価を受け、どのように取り扱われているでしょうか。調べてみましょう。探したもの・調べたことを自分のことばでまとめて、クラスで紹介したりレポートにしたりしましょう。

7. 振り返ろう

この課で考えたテーマや活動を振り返ってみましょう。書きやすい言語で書いてください。

（1）国旗や国旗的なものについて、これまで無意識だったこと、何か感じたこと、新しい気づきなどがありますか。

（2）愛国心についてどのような考えを持っていますか。

（3）国旗や国旗的なものについて、以前と比較して自分の考えが変わったことはありますか。

（4）国旗や国旗的なものについて、以前よりさらに強く思うようになったことはありますか。

（5）国旗や国旗的なものについて、疑問に思うことはありますか。

8. 自分の学びを評価しよう

（1）第1課から第3課までで学んできたことを使って短い新聞記事を批判的に読むことができた。

（2）国旗に類するものを自分で調べるなど、新聞記事の内容を自分の周囲・社会に引き寄せて、より深く、より広く考えることができた。

（3）社会が前提としているものに目を向け、批判的に検討し、自分の意見をその根拠とあわせて説明することができた。

（4）自分一人で考えるだけではなく、ほかの人と「対話」を積み上げながら批判的に読み、批判的に考えることができた。

（5）自分の意見とは異なる内容の意見や考え方を、いったん受け止めた上で、自分の意見や考え方とあわせて検討し、さらに考えを深めたり広げたりすることができた。

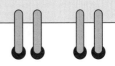

● まとめ

社会の「まとめ方」について知識を増やそう

① 考え方や価値観の異なる人たちが増えれば増えるほど「1つにまとめる」ことが難しくなります。たとえば、クラスで旅行するときの目的地を決める場合を考えてみてください。みんながそれぞれ別々の目的地を希望したらぜんぜんまとまりませんね。そんなとき、皆さんならどうしますか。少なくとも2つの方法が思い浮かびます。1つは先生やクラスで強い発言力を持つ人の意見に従う方法です。もう1つは時間をかけて「対話」をして調整や妥協を繰り返して1つの意見に向かって合意を作っていく方法です。

② ことばを使わずに、ばらばらな社会を1つにまとめていく方法もあります。象徴的なものや共通のものを身につけたり使ったりする方法です。たとえば、仕事で着る制服やスポーツ選手のユニフォーム、学校や自治体のマークなどです。この課で扱った国旗もその1つです。それを身につけることで、その集団に属し、属していることをまわりに示すことになります。

③ つまり国旗というものは、1つのデザインですが、そこに何かを象徴させ、多数の人々に使わせることで、単なるデザインが別の意味を持ち、帰属を表します。それがときには帰属を強制する支配的な力を持つことがあります。それは国旗そのものに問題があるのではなく、それを、誰が何のためにどう使うのか、という「意図」によって生じるものです。

④ この章で広く深く考えたように、少し見方を変えて見てみれば、私たちの周囲には、そのような「支配的な力を持つもの」が、国旗だけではなく、ほかにもいろいろあります。見慣れた「もの」でも、それを別の視点から別の意味を持つ「記号」として考えてみることで、社会の別の側面が見えてきます。見慣れたもの、当たり前だと思っていたものごとを、ときには別の視点から眺めてみることも大切です。

⑤ その別の視点を与えてくれるものに、「他者」があります。自分とは異なる意見を受け止めて、それについて考えてみることで、視野が広がり考えに幅と深みが出ます。そこからもわかるように、他者と「対話」する姿勢はとても大切です。

第 2 部　読んで対話することに慣れる

ポスターを読もう（1）

この課ですること

TEXT
- ▶ ポスターや看板の内容を理解する。
- ▶ 調べたこと、自分の意見とその根拠を相手に伝える。

EDC
- ▶ ポスターや看板のメッセージを批判的に検討する。
- ▶ 「対話」を積み上げながらさまざまな意見を受け止めて考える。

---

1. ポスターを読む前に

👤 一人で考えよう

ポスターを読む前に、下の (1)～(4) について考えましょう。

（1）これまでおもしろいと思ったポスターや看板はありますか。それはどのようなものですか。

（2）（1）でおもしろいと思ったのは、どうしてですか。

（3）これまで違和感を持ったポスターや看板はありますか。それはどのようなものですか。

（4）（3）で違和感を持ったのは、どうしてですか。

👥 ペアで話し合おう

一人で考えたことについて、周囲の人とペアになって話し合いましょう。同じように考える点や考え方が異なる点などを確認しましょう。

© 「京都一周トレイルを歩くっ」京都市産業観光局観光 MICE 推進室
[https://ja.kyoto.travel/tourism/article/trail/]

3. 考えよう

👤 一人で考えよう

次の (1)〜(3) について考えましょう。なぜそう考えるのか根拠についても自分のことばで説明できるようにしましょう。

(1) ポスターに何が書かれていますか。何のポスターだと思いますか。

(2) どこに貼られていると思いますか。

(3) このポスターを見て、どう思いましたか。どのようなことを感じましたか。

👥 ペアで話し合おう

一人で考えたことについて、周囲の人とペアになって話し合いましょう。同じように考える点や考え方が異なる点などを確認しましょう。

👪 グループで話し合おう

(1) ここまでに考えたことをグループで共有しましょう。同じような点を取り上げていても、ほかの人は自分では気づかなかった考えを持っているかもしれません。ほかの人の意見をよく聞いてさらに考えましょう。

(2) ほかのグループとメンバーを入れ替えて、最初のグループで話し合ったことを共有し、さらに深めましょう。

🖥 クラスで話し合おう

各グループの意見を発表し、クラス全体で共有し、さらに考えましょう。

4. より深く考えよう

一人で考えよう

ポスターを批判的に読んで、次の (1)~(4) について考えましょう。考えた内容は次の活動のためにメモしておいてください。

（1）単語や文法、表現、文体の特徴、さらにモチーフ、レイアウトからどのようなことが読み取れますか。

（2）誰の視点から書かれていますか。それはどのようなところから読み取れますか。

（3）ポスターの文字によるメッセージ内容（表記言語）と視覚的なメッセージ内容（ビジュアル言語）との間になんらかの関係性が見られますか。それはどのような関係性ですか。

（4）このポスターにはどのような意図が背景にあると思いますか。それはどのようなところから読み取れますか。

ペアで話し合おう

一人で考えたことについて、周囲の人とペアになって話し合いましょう。同じように考える点や考え方が異なる点などを確認しましょう。

グループで話し合おう

（1）ここまでに考えたことをグループで共有しましょう。同じような点を取り上げていても、ほかの人は自分では気づかなかった考えを持っているかもしれません。ほかの人の意見をよく聞いてさらに考えましょう。

（2）ほかのグループとメンバーを入れ替えて、最初のグループで話し合ったことを共有し、さらに深めましょう。

クラスで話し合おう

各グループの意見を発表し、クラス全体で共有し、さらに考えましょう。

この課で考えたテーマや活動を振り返ってみましょう。書きやすい言語で書いてください。

（1）町で見かけるポスターに関して、これまで無意識だったこと、何か感じたこと、新しい気づきなどがありますか。

（2）ほかの人の意見で、よいと思ったものはありますか。

（3）以前と比較して自分の考えが変わったことはありますか。

（4）以前よりさらに強く思うようになったことはありますか。

（5）疑問に思うことはありますか。

6. 自分の学びを評価しよう

（1）ポスターや看板の内容を理解できた。

（2）調べたこと、自分の意見とその根拠を相手に伝えることができた。

（3）ポスターや看板を批判的に検討することができた。

（4）「対話」を積み上げながらさまざまな意見を受け止めて考えることができた。

ポスターを読もう（2）

この課ですること

TEXT
- ▶ ポスターや看板の内容を理解する。
- ▶ 調べたこと、自分の意見とその根拠を相手に伝える。

EDC
- ▶ ポスターや看板のメッセージを批判的に検討する。
- ▶ 「対話」を積み上げながらさまざまな意見を受け止めて考える。

---

1. ポスターを読む前に

👤 一人で考えよう

ポスターを読む前に、下の (1)~(4) について考えましょう。

（1）見たことがある人材募集のポスターにはどのようなものがありますか。これまでおもしろいと思ったポスターや看板はありますか。それはどのようなものですか。

（2）(1) でおもしろいと思ったのは、どうしてですか。

（3）人材募集のポスターや看板で、これまで違和感を持ったものはありますか。それはどのようなものですか。

（4）(3) で違和感を持ったのは、どうしてですか。

👥 ペアで話し合おう

一人で考えたことについて、周囲の人とペアになって話し合いましょう。同じように考える点や考え方が異なる点などを確認しましょう。

© 自衛隊徳島地方協力本部

3. 考えよう

一人で考えよう

次の (1)(2) について考えましょう。なぜそう考えるのか根拠についても自分のことばで説明できるようにしましょう。

（1）ポスターに何が書かれていますか。何のポスターだと思いますか。

（2）このポスターを見て、どう思いましたか。どのようなことを感じましたか。

ペアで話し合おう

一人で考えたことについて、周囲の人とペアになって話し合いましょう。同じように考える点や考え方が異なる点などを確認しましょう。

グループで話し合おう

（1）ここまでに考えたことをグループで共有しましょう。同じような点を取り上げていても、ほかの人は自分では気づかなかった考えを持っているかもしれません。ほかの人の意見をよく聞いてさらに考えましょう。

（2）ほかのグループとメンバーを入れ替えて、最初のグループで話し合ったことを共有し、さらに深めましょう。

クラスで話し合おう

各グループの意見を発表し、クラス全体で共有し、さらに考えましょう。

4. より深く考えよう

一人で考えよう

ポスターを批判的に読んで、次の (1)~(4) について考えましょう。考えた内容は次の活動のためにメモしておいてください。

（1） 単語や文法、表現、文体の特徴、さらにモチーフ、レイアウトからどのようなことが読み取れますか。

（2） 誰の観点から書かれていますか。それはどのようなところから読み取れますか。

（3） ポスターの文字によるメッセージ内容（表記言語）と視覚的なメッセージ内容（ビジュアル言語）との間になんらかの関係性が見られますか。それはどのような関係性ですか。

（4） このポスターにはどのような意図が背景にあると思いますか。それはどのようなところから読み取れますか。

ペアで話し合おう

一人で考えたことについて、周囲の人とペアになって話し合いましょう。同じように考える点や考え方が異なる点などを確認しましょう。

グループで話し合おう

ここまでに考えたことをグループで共有しましょう。同じような点を取り上げていても、ほかの人は自分では気づかなかった考えを持っているかもしれません。ほかの人の意見をよく聞いてさらに考えましょう。

クラスで話し合おう

各グループの意見を発表し、クラス全体で共有し、さらに考えましょう。

5. より広く考えよう

👤 一人で考えよう

ポスターを批判的に読んで、次の (1)(2) について考えましょう。考えた内容は次の活動のためにメモしておいてください。

（1）あなたの身近なところにもなんらかの意図があると思われる人材募集のポスターはありますか。それはどのようなポスターですか。

（2）(1) のポスターにはどのような意図が背景にあると思いますか。

👥 ペアで話し合おう

一人で考えたことについて、周囲の人とペアになって話し合いましょう。同じように考える点や考え方が異なる点などを確認しましょう。

👥 グループで話し合おう

（1）ここまでに考えたことをグループで共有しましょう。同じような点を取り上げていても、ほかの人は自分では気づかなかった考えを持っているかもしれません。ほかの人の意見をよく聞いてさらに考えましょう。

（2）ほかのグループとメンバーを入れ替えて、最初のグループで話し合ったことを共有し、さらに深めましょう。

🖥 クラスで話し合おう

各グループの意見を発表し、クラス全体で共有し、さらに考えましょう。

6. 振り返ろう

この課で考えたテーマや活動を振り返ってみましょう。書きやすい言語で書いてください。

（1）人材募集のポスターに関して、これまで無意識だったこと、何か感じたこと、新しい気づき
　　 などがありますか。

（2）ほかの人の意見で、よいと思ったものはありますか。

（3）以前と比較して自分の考えが変わったことはありますか。

（4）以前よりさらに強く思うようになったことはありますか。

（5）疑問に思うことはありますか。

7. 自分の学びを評価しよう

（1）ポスターや看板の内容を理解できた。

（2）調べたこと、自分の意見とその根拠を相手に伝えることができた。

（3）ポスターや看板を批判的に検討することができた。

（4）「対話」を積み上げながらさまざまな意見を受け止めて考えることができた。

データを読もう

この課ですること

▶ データに提示されたもの、されないものについて考える。
▶ データの背後にある考え方を推測する。
▶ データの背後にある考え方と対立する考え方を読み解く。

EDC

▶ データを提示することの効果や意味について考える。
▶ データを通して実践されている権威性やごまかしについて批判的に考える。
▶ データと社会との関連性について考える。

---

1. データを読む前に

一人で考えよう

データを読む前に、下の (1)～(5) について考えましょう。

（1）福島の原子力発電所事故についてどのようなことを知っていますか。

（2）あなたにとって、福島の原子力発電所事故はどういう意味を持っていますか。

（3）「放射能」と「放射線」と「放射性物質」の意味の違いについて考えましょう。

（4）その原発事故に関連して、自分で気をつけていることが何かありますか。

（5）放射線のリスクに関してどのようなことを知っていますか。

ペアで話し合おう

　一人で考えたことについて、周囲の人とペアになって話し合いましょう。同じように考える点や考え方が異なる点などを確認しましょう。原発事故で生じた事態、感じたこと、経験したことや、またメディア間の情報の違いなどについて話し合いましょう。

放射線の量 （ミリシーベルト）	がんの相対リスク※
1,000 ～ 2,000	1.8 [1,000 ミリシーベルト当たり 1.5 倍と推計]
500 ～ 1,000	1.4
200 ～ 500	1.19
100 ～ 200	1.08
100 未満	検出困難

生活習慣因子	がんの相対リスク※
喫煙者 大量飲酒（450g 以上 / 週）※1	1.6 1.6
大量飲酒（300～449g 以上 / 週）※1	1.4
肥満（BMI ≧ 30）※2 やせ（BMI<19）※2 運動不足 高塩分食品	1.22 1.29 1.15 ～ 1.19 1.11 ～ 1.15
野菜不足 受動喫煙（非喫煙女性）	1.06 1.02 ～ 1.03

※放射線の発がんリスクは広島・長崎の原爆による瞬間的な
　被ばくを分析したデータ（固形がんのみ）であり、長期に
　わたる被ばくの影響を観察したものではありません。
※相対リスクとは、被ばくしていない人を1としたとき、被
　ばくした人のがんリスクが何倍になるかを表す値です。

※1 飲酒については、エタノール換算量を示しています。
※2 肥満度を表す指標として国際的に用いられている体格指数。
　　[体重（kg）]÷[身長（m）の2乗] で算出される値
出典：国立がん研究センターウェブサイト

（出典）放射線による健康影響等に関する統一的な基礎資料（令和2年度版）より作成

文部科学省（2018）（2021 一部改訂）（2022 一部修正 ）
『小学生のための放射線副読本〜放射線について学ぼう〜』(p.11)

3. 考えよう

👤 一人で考えよう

次の (1)〜(3) について考えましょう。なぜそう考えるのか根拠についても自分のことばで説明できるようにしましょう。

（1）左右のデータから何が読み取れますか。また、表の下の付記で何か気づいたことがありますか。

（2）左右のデータの数字はどのような意味を持っているか、考えましょう。

（3）誰が・誰に・どのような背景でこのデータを提示したと思いますか。 データを提示した側の意図は何だと考えますか。

👥 ペアで話し合おう

一人で考えたことについて、周囲の人とペアになって話し合いましょう。同じように考える点や考え方が異なる点などを確認しましょう。

👥 グループで話し合おう

（1）ここまでに考えたことをグループで共有しましょう。同じような点を取り上げていても、ほかの人は自分では気づかなかった考えを持っているかもしれません。ほかの人の意見をよく聞いてさらに考えましょう。

（2）ほかのグループとメンバーを入れ替えて、最初のグループで話し合ったことを共有し、さらに深めましょう。

🖥 クラスで話し合おう

ここまでに考え、話し合った内容について各グループの意見を発表し、クラス全体で共有し、さらに考えましょう。

4. より深く考えよう

👤 一人で考えよう

次の (1)(2) について考えましょう。なぜそう考えるのか根拠についても自分のことばで説明できるようにしましょう。

（1）左のデータにある「100 ミリシーベルト未満　検出困難」の意味は何ですか。

（2）(1) を提示した側の意図を考えましょう。

👥 ペアで話し合おう

一人で考えたことについて、周囲の人とペアになって話し合いましょう。同じように考える点や考え方が異なる点などを確認しましょう。

👥 グループで話し合おう

ここまでに考えたことをグループで共有しましょう。自分では気づかなかった見方をほかの人が知っているかもしれません。ほかの人の意見をよく聞いてさらに考えましょう。

📺 クラスで話し合おう

各グループの意見を発表し、クラス全体で共有し、さらに考えましょう。

5. より広く考えよう

👤 一人で考えよう

71 〜 75 ページの資料：「放射線と被ばくの問題を考える際のヒント」には、「危険性が証明されていないことを理由に、「放射線の影響を心配する必要がない」といった、楽観派の人々の見解も見られます」として、楽観派の人々の代表的な見解の例が、以下の(1)〜(9)のように掲載されています。

（1）放射線は正しく怖がることが大切です

（2）低線量被ばくによる健康影響については、明確な因果関係の証拠が得られていないので、まったく問題ない

（3）放射能のことを心配し過ぎる方が、健康によくない

（4）「低線量被ばくは安全」と言っている学者が、「余計な被ばくはできるだけ避けた方がよい」とも言っている

（5）累積 100 ミリシーベルトの放射線被ばくによるがん死亡者の増加割合は 0.5%だから、たいしたことない

（6）被ばくのせいでがんになるとしても、日本人はどうせ 3 人に 1 人はがんで死亡しているのだから、気にしなくてもよい

（7）放射線よりもタバコや自動車の交通事故の方が危険だ

（8）福島の原発事故で死者は出ていない。津波による被害に比べて、深刻に扱われ過ぎだ

（9）リスクを見つめ、今を大切に生きることが、人生を豊かにする

このような見解に対し、どのように考えるのが妥当だと思いますか。考えてみましょう。なぜそう考えるのか根拠についても自分のことばで説明できるようにしましょう。

👥 ペアで話し合おう

一人で考えたことについて、周囲の人とペアになって話し合いましょう。同じように考える点や考え方が異なる点などを確認しましょう。(1)~(9)と量が多いですから、どの項目について話すか決めて話し合いましょう。71 〜 75 ページの資料も参考にしてください。

👥 グループで話し合おう

71 〜 75 ページの資料を読んだあとに、同じ担当のペア同士でグループを作って、その考え方について話し合いましょう。

🖥 クラスで話し合おう

ここまでに考え、話し合った内容について各グループの意見を発表し、クラス全体で共有し、さらに考えましょう。

資料：「放射線と被ばくの問題を考える際のヒント」

※以下の文中のページ数は原典のものです

　これまで述べてきたように、放射線による被ばくの影響は、すべてが解明されているわけではありません。危険性が証明されていないことを理由に、「放射線の影響を心配する必要はない」といった、「楽観派」の人々の見解も見られます。このような見解をどのように捉えるべきかについて、ここでは楽観派の人々の代表的な見解の例と、その妥当性を考える際のヒントを掲載します。

❶放射線は、正しく怖がることが大切です

➡　このような表現には、多くの場合、「怖がり過ぎるのは間違っている。心配するな」という楽観派の見解が含意されています。

　ここでは、放射線の怖がり方に、「正しい」ものがあるかどうかを考えましょう。34〜36ページで見たように、高線量被ばくによる人体への影響はとても恐ろしいものです。高線量被ばくのように危険性がわかっているものを「怖い」と思うのは、「正しい」として差し支えないでしょう。

　一方、低線量被ばくについては、その影響は完全には解明されていません。専門家でも、安全と考える立場から小さくてもリスクはあるとする立場まで捉え方に幅があり、正解は出ていません。解明されていない以上、「正しい」怖がり方というのは論理的に成立しません。例えば、穴の深さがわかっていない「落とし穴」がある場合、1cmと考えて安心する人や、1mと考えて心配する人など、だれの怖がり方が正しいかは判定できないのと同様です。つまり、「怖がり過ぎ」を「間違い」と断定できる根拠はありません。

❷低線量被ばくによる健康影響については、明確な因果関係の証拠が得られていないので、まったく問題ない

➡　この見解にも、論理に飛躍があります。「まったく問題ない」という考えは、危険が深刻なものではないという前提に立っていますが、明確な因果関係の証拠がないことは「未知の要素がある不確実な状況である」ことを意味しているだけであり、「まったく問題がない」という「安全」を意味するのではありません。このとき、「危険が深刻なものではない」という確定的な前提を置くこと自体が、「不確実な状況」と矛盾しています。このような論理的誤りは、「論点先取の誤謬」と呼ばれます。

　また、関連してもう一つは、「誤った否定」の可能性です。仮に被害がまだ現れていなくても、「被害の証拠がないこと」は「被害がないことの証拠」ではありません。実際、環境問題の歴史では、不幸にもこれを取り違える「誤った否定」をしてしまった例が何度も見られました。少なくとも環境の専門家であれば、その歴史を謙虚に受け止める必要があるでしょう。

❸放射能のことを心配し過ぎる方が、健康によくない

➡ 文部科学省が 2011 年に公表した「放射能を正しく理解するために――教育現場の皆様へ」などで、同様のことが述べられています。たしかに、人間の精神的な状態は身体的な健康状態とも関連しますが、ここでは、「このような見解が、原発事故の加害者と被害者、どちら側に立つことになるか」という点について考えましょう。被害者のことを慮^{おもんぱか}っての発言のように見えますが、本当にそうでしょうか。

このような見解は、放射線の被ばくによる健康影響の原因を、被ばくした人の心の不安、つまり「被害者側」に帰着させます。そこには、「加害者の責任を見えにくくし、被害者へ転嫁する」という、倫理的問題があります。例えば、次のような状況を考えてみましょう。あなたが傷害事件の被害者になってしまったとします。傷害の程度は軽微で、「直ちに健康に影響が出るレベルではない」ものでしたが、再び同じような事件に遭うかもしれないことを不安に思っています。そのとき、友人があなたに、「傷害事件を心配し過ぎる方が健康によくない。日本では、がんなどで死亡する人の方が多いんだから、自分の健康管理の方をしっかりすべきだ」とアドバイスしたとします。あなたはその友人のことをどのように思うでしょうか。

だれが不安の原因を作り出したのか、だれが責任を負うべきなのか、そのもっとも重要なことを忘れて発言することがあれば、その言葉は被害者をさらに傷つけ、逆に加害者を助けることになりかねません。本当に被害者のことを想うのであれば、行うべき言動は、「あなたが被害者として不安を抱くのは当然のことです。加害者の行為を防ぎ、責任をとらせる対策を出来るだけやろう」と声をかけることではないでしょうか。

❹「低線量被ばくは安全」と言っている学者が、「余計な被ばくはできるだけ避けた方がよい」とも言っている

➡ 2 つの主張が、論理的に見て同時に成立するかどうかを考えましょう。後者の「余計な被ばくはできるだけ避けた方がよい」とする根拠は、低線量被ばくでも健康被害の可能性がゼロとは断言できないことにあります。つまり、「危険かもしれない」から「できるだけ避ける」という論理になっています。

では、前者の「低線量被ばくは安全」とする主張と、後者における「危険かもしれない」という主張は、はたして同時に成立するでしょうか。安全と言っておきながら、一方で危険かもしれないと言うのでは、論理が破綻しています。

❺累積 100 ミリシーベルトの放射線被ばくによるがん死亡者の増加割合は 0.5% だから、たいしたことない

➡ 0.5% は確率でいうと 1000 分の 5 です。福島第一原発の事故後に引き上げられた年間 20 ミ

リシーベルトの被ばくの場合、仮に累積の被ばく量が同じ 20 ミリシーベルトになったときの増加割合は、37 〜 39 ページで述べた線形しきい値なしモデルで考えると 1000 分の 1 程度です。この確率の意味を考えましょう。

　福島県の人口約 200 万人で単純に考えれば、1000 分の 1 は 2000 人に相当します。このような 1000 人規模の命を奪うかもしれない確率を「たいしたことない」と言えるでしょうか。また、今回の大地震と津波は 1000 年に一度の規模とされます。その 1000 分の 1 の確率を想定の外において、対策を行わずに事故を招いた人々に、1000 分の 1 を軽視するようにアドバイスされるいわれはないでしょう。

（中略）

　そもそも、確率が高かろうが低かろうが、実際に被ばくしている人に対して「許容せよ」と強要できるような論理や倫理は成立するか、正義にかなっているか、そこから議論する必要があります。

❻被ばくのせいでがんになるとしても、日本人はどうせ 3 人に 1 人はがんで死亡しているのだから、気にしなくてもよい

➡　日本人のがんによる死亡率について、新副読本の教師用資料にも「約 30%」と記載されています。上記の「0.5%」とあわせて、「30% が 30.5% になるくらい小さいもの」という文脈で使われる表現であり、そこには「わずかな影響は、気にせず許容せよ」という論理があります。

　0.5% の確率の考え方は、先に言及した通りです。また、高年齢層で発症することが多い通常のがんとは異なり、被ばくによるがんのリスクは若年齢層で高くなることも問題です。そして、もしこのような論理を認めるのであれば、極論すると、次のような主張を認めるのと同じことになります。

　「みんな、どうせいつかは死ぬんだから、病院など存在する意味がない。」

　あなたはこの主張に同意できるでしょうか。長生きを願う人々に対して、死亡リスクの上乗せを強要できる根拠はあるのか、問わなければなりません。

❼放射線よりもタバコや自動車の交通事故の方が危険だ

➡　新副読本の教師用資料には、放射線の被ばくによるリスクと、他の日常的なリスク要因（喫煙、飲酒、肥満など）について、比較した表が掲載されています。これによると、例えば一度に 100~200 ミリシーベルトの放射線を被ばくしたことによるがんのリスクは 1.08 倍で、それよりも喫煙や肥満などの方が高くなっています。がんになるリスクで見た場合は、日常的なリスク要因の方が高いと言えます。

　しかし、ここで考えるべきは、放射能汚染による被ばくと日常的なリスク要因を同列に扱う

ことが妥当かどうかです。少なくとも3つの論点が考えられます。1点目はそのリスクを個人で管理できるかどうか、2点目はそのリスクに伴う便益（ベネフィット）があるかどうか、3点目はリスクの代替が妥当かどうかです。

1点目について、喫煙や飲食、交通事故による死を避けるには、禁煙することや食生活に気をつけること、自動車に乗らないことといった、個人での対応が可能です。しかし、放射能に汚染された地域では、その被ばくを完全に避けることは極めて困難です。つまり、リスクの制御可能性に大きな違いがあります。

2点目について、喫煙や飲食、自動車の利用、あるいはレントゲンやCTスキャンの利用でも、目的をもってそれを行う人にとって、何らかの便益を得ることが可能です。このことは新副読本（高校生用）や教師用資料にも書かれています。しかし、放射能の汚染による被ばくは、何ら便益をもたらしません。リスクを比較するのであれば、その便益や負担の公平性についても、同時に考慮されなければなりません。

3点目については、、次のような例を考えましょう。あなたが病院で医者から「今日は無用な放射線を少し浴びてもらいましょう。なぁに、喫煙や肥満の方がリスクが高いですから、そちらを気をつけてください」と言われたとします。あなたは納得して無用な被ばくを受け入れるでしょうか。

性質の異なるリスクの比較は、危険性の目安にはなっても、それを許容させる根拠にはなり得ません。

ちなみに、ドイツの環境省が作成した原子力に関する副読本は、公平性にとても配慮した構成となっており、リスクを扱ったページでも、原子力に関するリスクが他の日常的なリスクに比べて相対的に低いと見せるような内容にはなっていません。（中略）

❽福島の原発事故で死者は出ていない。津波による被害に比べて、深刻に扱われ過ぎだ

➡ まず、前提として、地震と津波は「天災」であるのに対し、原発事故は「人災」であるという違いがあります。人災である原発事故には「加害者」がいます。その道義的責任の有無における重大さを考慮する必要があります。また、（中略）実際に原発事故に伴う避難の際に犠牲になった人々や、放射能汚染を苦にして自殺に追い込まれた人々がいます。福島第一原発の事故現場でも、東京電力は放射線被ばくによる影響を不明としていますが、作業中に亡くなった人もいます。

❾リスクを見つめ、今を大切に生きることが、人生を豊かにする

➡ 東京大学医学部附属病院准教授の中川恵一氏が、福島第一原発の事故後に、新聞紙面や著書において、このような見解を述べています。中川氏は、自身の医師としての経験から、「がんに

なって人生が深まったと語る人が多い」ことを理由に、この見解を導いています。

　人が死期を宣告され、残された時間が判明した場合は、このように考える場合もあるでしょう。しかし、その場合は、死期が確定したという意味で、すでに「リスク」ではありません。リスクの認知は、その不確かさという特性から、人の心の不安を増大させることはあっても、豊かにすることはまずないのではないでしょうか。少なくとも、今福島で放射能汚染に苦しんでいる人々に対して、「人生が豊かになっただろ」などと言うことは、あってはならないことです。

福島大学放射線副読本研究会監修、後藤忍編著（2013）『みんなで学ぶ放射線副読本―科学的・倫理的態度と論理を理解する』合同出版（pp.75~83 から抜粋。一部改変）

6. 発展

これまでの話し合いを念頭に置きながら、福島大学放射線副読本研究会監修、後藤忍編著(2013)『みんなで学ぶ放射線副読本―科学的・倫理的態度と論理を理解する』合同出版を読んで、自分が学んだこと、考えたことを文にまとめてみましょう。

7. 振り返ろう

この課で考えたテーマや活動を振り返ってみましょう。書きやすい言語で書いてください。

（1）これまで無意識だったこと、何か感じたこと、新しい気づきなどがありますか。

（2）ほかの人の意見で、よいと思ったものはありますか。

（3）以前と比較して自分の考えが変わったことはありますか。

（4）以前よりさらに強く思うようになったことはありますか。

（5）疑問に思うことはありますか。

8. 自分の学びを評価しよう

（1）データに提示されたもの、されないものについて考えることができた。

（2）データの背後にある考え方を推測することができた。

（3）データの背後にある考え方と対立する考え方を読み解くことができた。

（4）データを提示することの効果や意味を理解できた。

（5）データを通して実践されている権威性やごまかしについて批判的に考えることができた。

（6）データと社会との関連性について考えることができた。

法律の条文を読もう

この課ですること

- ▶ 法律の条文を読んで、一定の表現の意味するところを読み取る。
- ▶ 条文と社会における具体的な事実とを関連づけることができる。

EDC
- ▶ 文章や談話を通して実践されている権威性やごまかしについて批判的に考える。
- ▶ 文章と政治や社会との関連性を読み取る。

1. 法律の条文を読む前に

😀 一人で考えよう

法律の条文を読む前に、下の (1)(2) について考えましょう。

（1）なんらかの条文や法的な文章を読んだことがありますか。

（2）（1）で読んだものは何でしたか。どのようなときに読みましたか。どう感じましたか。

👥 ペアで話し合おう

　一人で考えたことについて、周囲の人とペアになって話し合いましょう。同じように
感じる点や考え方が異なる点などを確認しましょう。

2. 法律の条文を読もう

航空法特例法* 第3項

前項の航空機** 及びその航空機に乗り組んでその運航に従事する者については、航空法第六章の規定は、政令で定めるものを除き、適用しない。 （注は本教材の著者による）

> * 日本国とアメリカ合衆国との間の相互協力及び安全保障条約第六条に基づく施設及び区域並びに日本国における合衆国軍隊の地位に関する協定及び日本国における国際連合の軍隊の地位に関する協定の実施に伴う航空法の特例に関する法律
> ** 前項の航空機＝米軍機と国連軍機

3. 考えよう

👤 一人で考えよう

次の(1)〜(4)について考えましょう。なぜそう考えるのか根拠についても自分のことばで説明できるようにしましょう。

（1）「適用しない」とされる航空法第六章とは何を規定したものだと想像できますか。

（2）航空法の目的は、次の第1章第1条に書かれています。簡単にまとめると、どのような法律ですか。

航空法第1章第1条

第1章 総則（この法律の目的）

第1条 この法律は、国際民間航空条約の規定並びに同条約の附属書として採択された標準、方式及び手続に準拠して、航空機の航行の安全及び航空機の航行に起因する障害の防止を図るための方法を定め、並びに航空機を運航して営む事業の適正かつ合理的な運営を確保して輸送の安全を確保するとともにその利用者の利便の増進を図ること等により、航空の発達を図り、もつて公共の福祉を増進することを目的とする。

（3） 次の第6章は何に関わるものだと思いますか。第6章の各条のタイトルから読み取りましょう。

第6章　航空機の運航
（第57条－第99条）
第57条（国籍等の表示）
第58条（航空日誌）
第59条（航空機に備え付ける書類）
第60条（航空機の航行の安全を確保するための装置）
第61条（航空機の運航の状況を記録するための装置）
第62条（救急用具）
第63条（航空機の燃料）
第64条（航空機の灯火）
第65条（航空機に乗り組ませなければならない者）
第66条
第67条（航空従事者の携帯する書類）
第68条（乗務割の基準）
第69条（最近の飛行経験）
第70条（アルコール又は薬物）
第71条（身体障害）
第71条の2（操縦者の見張り義務）
第71条の3（特定操縦技能の審査等）
第71条の4
第72条（航空運送事業の用に供する航空機に乗り組む機長の要件）
第73条（機長の権限）
第73条の2（出発前の確認）
第73条の3（安全阻害行為等の禁止等）
第73条の4
第74条（危難の場合の措置）
第75条
第76条（報告の義務）
第76条の2

第77条（運航管理者）
第78条
第79条（離着陸の場所）
第80条（飛行の禁止区域）
第81条（最低安全高度）
第81条の2（捜索又は救助のための特例）
第82条（巡航高度）
第82条の2（航空交通管制圏等における速度の制限）
第83条（衝突予防等）
第83条の2（特別な方式による航行）
第84条（編隊飛行）
第85条（粗暴な操縦の禁止）
第86条（爆発物等の輸送禁止）
第86条の2
第87条（無操縦者航空機）
第88条（物件の曳航）
第89条（物件の投下）
第90条（落下さん降下）
第91条（曲技飛行等）
第92条（操縦練習飛行等）
第93条（計器飛行及び計器航法による飛行）
第94条（計器気象状態における飛行）
第94条の2（計器飛行方式による飛行）
第95条（航空交通管制圏における飛行）
第95条の2（航空交通の管理）
第95条の3
第96条（航空交通の指示）
第96条の2（航空交通情報の入手のための連絡）
第97条（飛行計画及びその承認）
第98条（到着の通知）
第99条（情報の提供）

（4） もう一度、2の「航空法特例法　第3項」を読んで、どうして「航空法第六章の規定は、政令で定めるものを除き、適用しない」となっているのか、その意味を考えましょう。

👥 ペアで話し合おう

一人で考えたことについて、周囲の人とペアになって話し合いましょう。同じように考える点や考え方が異なる点などを確認しましょう。

👥 グループで話し合おう

（1）条文と社会の関係について考えながら、ペアで話し合った内容を共有しましょう。

（2）この条文は日本社会にとってどのような意味を持つと思いますか。具体的にどのような事実があると思いますか。「米軍機」と「米軍基地」をキーワードに、これまでに起きたと思われる事件や事故例について考えてみましょう。生じた時期や規模を知るためにも、それらを実際に詳しく調べてみましょう。

（3）どうしてこのような法律があると思いますか。グループで考えを出し合いましょう。

🖥 クラスで話し合おう

ここまでに考え、話し合った内容について各グループの意見を発表し、クラス全体で共有し、さらに考えましょう。

4. より深く考えよう

🧑 一人で考えよう

（1）次の「日米地位協定」と「日本国憲法」には何か共通点がありますか。

（2）「適用外」あるいは「除く」の観点から読みましょう。何が、または、誰が排除されていますか。
この条文は実際の社会ではどのような意味を持つことになりますか。

「日米地位協定（第9条2）」の一部

合衆国軍隊の構成員は、旅券および査証に関する日本国の法令の適用から除外される。

「日本国憲法」

〔家族関係における個人の尊厳と両性の平等〕

第24条　婚姻は、両性の合意のみに基いて成立し、夫婦が同等の権利を有することを基
　　　　本として、相互の協力により、維持されなければならない。

〔教育を受ける権利と受けさせる義務〕

第26条　すべて国民は、法律の定めるところにより、その能力に応じて、ひとしく教育を
　　　　受ける権利を有する。

👥 ペアで話し合おう

一人で考えたことについて、周囲の人とペアになって話し合いましょう。同じように考える点
や考え方が異なる点などを確認しましょう。

👥 グループで話し合おう

（1）ペアで話し合った内容をグループで共有しましょう。

（2）自分の国の法律で「何かが排除されている」条文がありますか。見つけて、紹介しましょう。

📺 クラスで話し合おう

グループで話し合った内容を共有しましょう。条文と社会との関係についてクラスで発
表しましょう。

👤 一人で考えよう

2002 年に制定された「土壌汚染対策法」という法律があります。第一条にはこの法律の目的が書かれています。この法律の目的について考えましょう。

> 第一章　総則
>
> （目的）
>
> 第一条　この法律は、土壌の特定有害物質による汚染の状況の把握に関する措置及びその汚染による人の健康に係る被害の防止に関する措置を定めること等により、土壌汚染対策の実施を図り、もって国民の健康を保護することを目的とする。
>
> 「土壌汚染対策法」

👥 ペアで話し合おう

一人で考えたことについて、周囲の人とペアになって話し合いましょう。同じように考える点や考え方が異なる点などを確認しましょう。

（1）上の「土壌汚染対策法」をペアで読んで、その目的を確かめましょう。

（2）簡単にまとめると、どのような法律ですか。話し合いましょう。

（3）土壌汚染対策法第 2 条には「特定有害物質」の定義が書かれています。以下は第 2 条の 1 項です。この条文から何がわかりますか。ペアで読んで、話し合いましょう。

> この法律において「特定有害物質」とは、鉛、砒素、トリクロロエチレンその他の物質（放射性物質を除く。）であって、それが土壌に含まれることに起因して人の健康に係る被害を生ずるおそれがあるものとして政令で定めるものをいう。
>
> 「土壌汚染対策法　第 2 条 1 項」

👥 グループで話し合おう

（1）条文と社会の関係について考えながら、ペアで話し合った内容をグループで共有しましょう。

（2）この条文は日本社会にとってどのような意味を持つと思いますか。具体的にどのような事実があると思いますか。「放射性物質を除く」と「福島原発事故」をキーワードに実際に起きた事件や事故例について調べてみましょう。

（3）どうしてこのような法律があると思いますか。グループで考えを出し合いましょう。

（4）ここまでに取り上げた 2 つの条文に共通するものがありますか。それは何だと思いますか。

🖥 クラスで話し合おう

ここまでに考え、話し合った内容について各グループの意見を発表し、クラス全体で共有し、さらに考えましょう。

---

6. 振り返ろう

この課で考えたテーマや活動を振り返ってみましょう。書きやすい言語で書いてください。

（1）条文に用いられた表現の意味するところがわかりましたか。

（2）これまで無意識だったこと、何か感じたこと、新しい気づきなどがありますか。

（3）ほかの人の意見で、よいと思ったものはありますか。

（4）以前と比較して自分の考えが変わったことはありますか。

（5）以前よりさらに強く思うようになったことはありますか。

（6）疑問に思うことはありますか。

（7）条文と社会を結びつけて考えることができましたか。

7. 自分の学びを評価しよう

（1）法律の短い文言や語の選択の意味が理解できた。

（2）条文と社会における具体的な事実とを関連づけることができた。

（3）条文を通して実践される権威性やごまかしについて批判的に考えることができた。

（4）法律と政治や社会との関連性を読み取ることができた。

第 3 部　より主体的に社会を読む

電車の中のポスターを読もう

第 **9** 課

この課ですること

► ポスターを読み、マナーを守ろうという企業のメッセージの特徴について考える。
► マナーとは何か、マナーと日本社会との関係などについて考え理解を深める。

► 日本社会が前提としているものや価値観に目を向け、批判的に検討する。
► 自分の意見をその根拠とあわせてわかりやすく説明する。
► 他者の意見を受け止めた上で、それをもとにしてさらに自分の考えを深める。

1. ポスターを読む前に

👤 一人で考えよう

ポスターを読む前に、下の (1)~(6) について考えましょう。

（1）普段の生活の中で、どこで、どのようなポスターを見ますか。

（2）それらのポスターは私たちにどのようなメッセージを出していますか。

（3）私たちの社会にはどのようなマナーがありますか。誰がそのようなマナーを作るのでしょうか。

（4）私たちはそのようなマナーを、どこで、だれに、どのようにして教えられますか。

（5）マナーとはどういうもので、何のためにあるのでしょうか。

（6）マナーを守らない人がいたらどうすればいいでしょうか。

👥 ペアで話し合おう

一人で考えたことについて、周囲の人とペアになって話し合いましょう。同じように考える点や考え方が異なる点などを確認しましょう。

人気は独り占めしても。

座席は独り占めしない。

いいマナーから、きっと、いい一日がはじまる。

Good マナー × Good ライフ

一人でも多くの方に座席をご利用いただけるよう、座り方にご配慮ください。
Please sit closer so that more passengers can sit.

阪急電鉄のホームページで「Goodマナー×Goodライフ」シリーズのマナー広告をご覧いただけます。 | 阪急マナー | 検索 |

3. 考えよう

👤 一人で考えよう

ポスターを見て、次の (1)~(8) について考えましょう。なぜそう考えるのか根拠についても自分のことばで説明できるようにしましょう。

（1）ポスターの中に出てくる登場人物の特徴、場面について理解しましょう。それぞれのポスターが何を描いているか考えましょう。

（2）これらのポスターは1種類だけで使われている場合もありますが、下の写真のように2種類のポスターを横に並べて1枚のポスターのようにして使われている場合もあります。2枚のポスターの関連についても考えましょう。どういう共通点がありますか。

（3）これらのポスターはどのような会社が作ったものだと思いますか。

（4）これらのポスターはどこで見ることができると思いますか。

（5）これらのポスターは誰に見せるために作ったものだと思いますか。

（6）これらのポスターはどのようなメッセージを伝えようとしていると思いますか。

（7）(3) のような会社が、(4) のような場所で、(5) のような人々に対して、(6) のようなメッセージを出しているということから考えると、一般的に、日本の公的空間や日本社会はどのような「場」だと考えることができますか。

（8）日本人は「礼儀正しい」「マナーを守る」と言われることがあります。それについてどう思いますか。このようなポスターがいろいろな公共の空間に存在していることと関連させて考えましょう。

ペアで話し合おう

一人で考えたことについて、周囲の人とペアになって話し合いましょう。同じように考える点や考え方が異なる点などを確認しましょう。

グループで話し合おう

ここまでに考えたことをグループで共有しましょう。同じような点を取り上げていても、ほかの人は自分では気づかなかった考えを持っているかもしれません。ほかの人の意見をよく聞いてさらに考えましょう。

クラスで話し合おう

各グループの意見を発表し、クラス全体で共有し、さらに考えましょう。

4. より深く考えよう

一人で考えよう

これらのポスターの登場人物やその場面についてより深く考えましょう。下の (1)~(3) について考えたり調べたりしましょう。なぜそう考えるのか根拠についても自分のことばで説明できるようにしましょう。

（1）これらのポスターの登場人物やその場面、そこで使われている表現についてどう思いますか。

（2）同じ企業が使っているほかのポスターも見てみましょう。本書の特設ウェブページ (https://www.bonjinsha.com/wp/edc) に URL があります。(1) で先に見た 2 つのポスターについて考えたことと共通する点があるでしょうか。

（3）たくさんの人が公共の場で見るポスターに、(1) や (2) のような特徴が見られることは、何を意味するのでしょうか。日本社会が「前提とするもの (当たり前のように考えていること)」という視点で考えてみましょう。

ペアで話し合おう

一人で考えたことについて、周囲の人とペアになって話し合いましょう。同じように考える点や考え方が異なる点などを確認しましょう。

グループで話し合おう

ここまでに考えたことをグループで共有しましょう。同じような点を取り上げていても、ほかの人は自分では気づかなかった考えを持っているかもしれません。ほかの人の意見をよく聞いてさらに考えましょう。

クラスで話し合おう

各グループの意見を発表し、クラス全体で共有し、さらに考えましょう。

5. より広く考えよう

👤 一人で考えよう

下の (1)~(4) について考えましょう。なぜそう考えるのか根拠についても自分のことばで説明できるようにしましょう。

(1) マナー向上という目的を考えると、これらのポスターにどれくらいの効果があると思いますか。

(2) あなたが鉄道会社の担当者なら、マナー向上という目的でどのようなポスターを作りますか。

(3) あなたが鉄道会社の担当者なら、ポスター以外にどのような方法でマナー向上のメッセージを出しますか。

(4) 電車やバスなどの公共交通機関のほかに、どのような企業や団体がマナー向上を呼びかけていますか。どのようなところでマナー向上のポスターを見ることができますか。探してみましょう。

👥 ペアで話し合おう

一人で考えたことについて、周囲の人とペアになって話し合いましょう。同じように考える点や考え方が異なる点などを確認しましょう。

👥 グループで話し合おう

ここまでに考えたことをグループで共有しましょう。同じような点を取り上げていても、ほかの人は自分では気づかなかった考えを持っているかもしれません。ほかの人の意見をよく聞いてさらに考えましょう。

🖥 クラスで話し合おう

各グループの意見を発表し、クラス全体で共有し、「日本社会のマナー」や「社会が前提としている考え方」の問題について考えましょう。

次のポスターを読みましょう。そして下の (1)~(5) について考えましょう。

© 武庫川自動車学園, ｃｈｉｅ

（1）このポスターには、共通語ではない「地域のことば（方言）」が使われています。どこのことばか、どのような意味か調べてみましょう。

（2）このポスターは見る人に何をメッセージとして伝えていると思いますか。

（3）このポスターの目的は何でしょうか。

（4）このポスターをおもしろいと思いますか、思いませんか。それはなぜですか。

（5）このポスターのおもしろさとその目的との関係を考えてみましょう。そのときに、なぜ共通語ではない「地域のことば（方言）」が使われているのかについてもあわせて考えましょう。

7. 振り返ろう

この課で考えたテーマや活動を振り返ってみましょう。書きやすい言語で書いてください。

（1）日本社会におけるマナーについてこれまで無意識だったこと、何か感じたこと、新しい気づきなどがありますか。

（2）企業がポスターなどを使ってマナーを啓発することについてどう思いますか。

（3）マナーやマナーを守ることについて、以前と比較して自分の考えが変わったことはありますか。

（4）マナーやマナーを守ることについて、以前よりさらに強く思うようになったことはありますか。

（5）マナーやマナーを守ることについて、疑問に思うことはありますか。

8. 自分の学びを評価しよう

（1）「企業のメッセージポスター」を批判的に読み、その特徴を分析することができた。

（2）「企業のメッセージポスター」を批判的に読み、マナーと日本社会との関係について理解を深めることができた。

（3）社会が前提としているものや価値観に目を向け、批判的に検討することができた。

（4）自分の意見をその根拠とあわせて説明することができた。

（5）他者の意見を受け止めた上で、それをもとにしてさらに自分の考えを深めることができた。

学校内のポスターを読もう

第**10**課

この課ですること

TEXT
- ▶ ポスターや看板の内容を理解する。
- ▶ 調べたこと、自分の意見とその根拠を相手に伝える。

EDC
- ▶ ポスターや看板のメッセージを批判的に検討する。
- ▶「対話」を積み上げながらさまざまな意見を受け止めて考える。

---

1. ポスターを読む前に

一人で考えよう

ポスターを読む前に、下の (1)~(3) について考えましょう。

（1）あなたが通っていた学校にポスターや看板はありましたか。それはどのようなものでしたか。

（2）学校のポスターや看板で違和感を持ったものはありましたか。それはどのようなものでしたか。

（3）(2) で違和感を持ったのは、どうしてですか。

ペアで話し合おう

一人で考えたことについて、周囲の人とペアになって話し合いましょう。同じように考える点や考え方が異なる点などを確認しましょう。

3. 考えよう

一人で考えよう

次の (1)~(3) について考えましょう。なぜそう考えるのか根拠についても自分のことばで説明できるようにしましょう。

(1) ポスターに何が書かれていますか。何のポスターだと思いますか。

(2) どこに貼られていると思いますか。

(3) このポスターを見て、どう思いましたか。おもしろいと思ったことは何ですか。違和感を持ったことは何ですか。

ペアで話し合おう

一人で考えたことについて、周囲の人とペアになって話し合いましょう。同じように考える点や考え方が異なる点などを確認しましょう。

グループで話し合おう

ここまでに考えたことをグループで共有しましょう。同じような点を取り上げていても、ほかの人は自分では気づかなかった考えを持っているかもしれません。ほかの人の意見をよく聞いてさらに考えましょう。

クラスで話し合おう

各グループの意見を発表し、クラス全体で共有し、さらに考えましょう。

4. より深く考えよう

👤 一人で考えよう

下の (1)~(4) についてポスターを批判的に読んで考えましょう。なぜそう考えるのか根拠についても自分のことばで説明できるようにしましょう。

（1） 単語や文法、表現、文体の特徴、さらにモチーフ、レイアウトからどのようなことが読み取れますか。

（2） 誰の観点から書かれていますか。それはどのようなところから読み取れますか。

（3） ポスターの文字によるメッセージ内容（表記言語）と視覚的なメッセージ内容（ビジュアル言語）との間になんらかの関係性が見られますか。それはどのような関係性ですか。

（4） このポスターにはどのような意図が背景にあると思いますか。それはどのようなところから読み取れますか。

👥 ペアで話し合おう

一人で考えたことについて、周囲の人とペアになって話し合いましょう。同じように考える点や考え方が異なる点などを確認しましょう。

👥 グループで話し合おう

（1） ここまでに考えたことをグループで共有しましょう。同じような点を取り上げていても、ほかの人は自分では気づかなかった考えを持っているかもしれません。ほかの人の意見をよく聞いてさらに考えましょう。

（2） ほかのグループとメンバーを入れ替えて、最初のグループで話し合ったことを共有し、さらに深めましょう。

🖥 クラスで話し合おう

各グループの意見を発表し、クラス全体で共有し、さらに考えましょう。

5. より広く考えよう

👤 一人で考えよう

次の (1)(2) について考えましょう。なぜそう考えるのか根拠についても自分のことばで説明できるようにしましょう。

(1) あなたの学校やアルバイト先には、どのようなルールがありますか。それはどこに書かれていますか。どのような形（冊子、ポスター、看板など）で書かれていますか。ほかにどこかで見た、気になる規則のポスターや看板はありますか。

(2) (1) にはどのような意図が背景にあると思いますか。2~4 で見た例と共通する点は何ですか。違う点は何ですか。

👥 ペアで話し合おう

一人で考えたことについて、周囲の人とペアになって話し合いましょう。同じように考える点や考え方が異なる点などを確認しましょう。

👥 グループで話し合おう

(1) ここまでに考えたことをグループで共有しましょう。同じような点を取り上げていても、ほかの人は自分では気づかなかった考えを持っているかもしれません。ほかの人の意見をよく聞いてさらに考えましょう。

(2) 話し合った内容を報告できるように、視覚的な発表資料を作成しましょう。

(3) ほかのグループとメンバーを入れ替えて、最初のグループで話し合ったことを共有し、さらに深めましょう。

👥 クラスで話し合おう

各グループの意見を発表し、クラス全体で共有し、さらに考えましょう。

6. 振り返ろう

この課で考えたテーマや活動を振り返ってみましょう。書きやすい言語で書いてください。

（1）規則のポスターや看板に関して、これまで無意識だったこと、何か感じたこと、新しい気づ
　　きなどがありますか。

（2）ほかの人の意見で、よいと思ったものはありますか。

（3）以前と比較して自分の考えが変わったことはありますか。

（4）以前よりさらに強く思うようになったことはありますか。

（5）疑問に思うことはありますか。

7. 自分の学びを評価しよう

（1）ポスターや看板の内容を理解できた。

（2）調べたこと、自分の意見とその根拠を相手に伝えることができた。

（3）ポスターや看板を批判的に検討することができた。

（4）「対話」を積み上げながらさまざまな意見を受け止めて考えることができた。

部活のマネージャーに関する新聞記事を読もう

この課ですること

TEXT
- ▶ 新聞記事を読み、「高校野球文化」について理解を深める。
- ▶ 部活のマネージャーの報道のされ方を調べ、その特徴について考える。

EDC
- ▶ 社会が前提としているものや価値観に目を向け、批判的に検討する。
- ▶ 自分の意見をその根拠とあわせてわかりやすく説明する。
- ▶ 他者の意見を受け止めた上で、それをもとにしてさらに自分の考えを深める。

1. 新聞記事を読む前に

 一人で考えよう

記事を読む前に、下の (1)~(5) について考えましょう。

（1）高校の部活についてどのようなことを知っていますか。

（2）高校の野球部についてどのようなイメージを持っていますか。

（3）部活のマネージャーとはどういう人だと思いますか。

（4）高校の野球部のマネージャーの仕事にはどのようなものがあると思いますか。

（5）あなたは高校の野球部に入りましたが、監督から「選手ではなくマネージャーをしてほしい」と言われました。どのような気持ちになりますか。それはなぜですか。

 ペアで話し合おう

一人で考えたことについて、周囲の人とペアになって話し合いましょう。同じように考える点や考え方が異なる点などを確認しましょう。

2. 部活のマネージャーに関する 新聞記事を読もう

佐賀北マネは「21人目の選手」 ベンチの雰囲気変えた

「カキーン」。佐賀北の久保貴大監督がノックを打つ音が響き、選手たちがグラウンドを駆け回る。そんな中、誰よりも慌ただしく動く部員がいる。マネジャーの高田桐吾君（3年）だ。

中学1年のとき、軟式野球の練習中に右ひじを痛めた。9カ月ほど後に復帰したが、医師には「中学では野球をしない方がいい」と言われた。ランニングなどの軽い練習を続け、佐賀北へ進学。しかし痛みが増し、満足のいく練習はほとんどできなくなった。

昨夏、新チーム始動のタイミングでマネジャーを決めるとき、自ら名乗り出た。「本当によく考えたか」と少し驚いた様子の久保監督に、「はい。やらせてください」と答えた。けがを抱えるため、サポート役に回った方がチームのためになると考えたからだ。

スコアの書き方など、一から仕事を覚えていった。バットを並べるときには、色やメーカーで分けて選びやすいようにしたり、その選手に合いそうなバットを勧めたりした。「選手のときには当たり前だと思っていたけど、やってみると、下支えがありこそ試合に集中できると思った」と話す。

試合でスコアラーとしてベンチに入ったときの声出しも始めた。ベンチ入りする20人の選手たちに加わり、「21人目の選手になりたい」と思ったからだ。仲間がベンチに戻ってきたときは、同じように盛り上がって「よっしゃー」とハイタッチ。選手たちは「桐吾が入ってからベンチの雰囲気が変わった」と口をそろえる。

思わぬサプライズがあった。7月25日の佐賀大会決勝の日のことだ。優勝し、久保監督が胴上げされた。さらに選手たちから声が上がった。「桐吾！桐吾！」。みんなの手で宙に舞った。「やってきたことが報われた」と感じた。

ただ、ここで終わりではない。「目標は甲子園で勝つこと。それに向けてできることをやっていきたい」。今日も人一倍、グラウンドを動き回る。

『朝日新聞 2019年8月5日』

1人で炊いた米は1日6升　女子マネ奮闘、感謝の胴上げ

「コン、コン」。秩父の山並みを望むグラウンドに小さな球音が響く。正面で捕った選手たちは一塁と二塁ベースに置かれたネットに向かって送球した。

ノックを打つのは小鹿野（埼玉県小鹿野町）マネジャーの垣堺杏美（かきさかあみ）さん（2年）と加藤恵梨奈さん（1年）。2人ともソフトボールや野球の経験者だ。垣堺さんは昨冬、外部指導者で元早大野球部監督の石山建一さんから「打ってみない？」と声をかけられた。「マネジャーの仕事にやりがいを持ってもらう」（加藤周慈監督）狙いだった。

自信はなかったが、「何でもできるマネジャーはかっこいい」と思った。最初は空振りしたり、あちこちに球が散ったり。受ける選手からは「頑張って！」と声がかかった。

1人で練習し、石山さんにも基礎から教わった。約半年がたち、正確に打てるようになった。「すごくうれしいです」。親指の付け根は皮がめくれ、テーピングが巻かれていた。

やりがいは大きい。「裏方だけでなく、ノックを打てば、もっとお手伝いできる」と笑顔だ。自主練習や課題練習でも、選手に頼まれたら打つ。「選手がけがをしないのが一番。あとは全力で応援します」

加藤さんも、入部した今年4月から打ち始めた。野球のコーチをしている父親に自宅で教えてもらい、「前よりはましになったかな」。主将の松沢駿樹君（3年）は「自分たちでノックを打つと、その分、球が捕れない。ありがたいです」と感謝する。

約90人が練習に励む上尾（上尾市）。山崎優那さん（3年）は「上尾でマネジャーがしたくて」。中学生の時、上尾の試合を見て、選手の迫力やベンチの雰囲気に魅せられた。

上尾は1学年に1人しかマネジャーを置かない。入部した時、一つ上の代にはいなかった。ドリンク作り、掃除、打率の計算、洗濯。夏の大会が終わるまでの約4カ月間、3年生の先輩からたたき込まれた。先輩の引退後は自分1人。冬場に炊いた米は6升。栄養士の資格を持つ保護者にレシピも聞いた。めんつゆと天かすのおにぎりが、みんなのお気に入りだ。

今年3月。部のお別れ会で卒業する先輩たちから「俺たちのマネジャーが山崎でよかった」と色紙をプレゼントされた。「胴上げまでしてもらって。うれしかったです」

恒例の四国遠征には「一緒に行くか」と高野和樹監督（52）に声をかけてもらった。マネジャーが同行するのは初めて。練習試合でベンチにも入った。監督の指示に反応する選手の声。ベンチ

の盛り上がり。全てに圧倒された。「もっと選手を尊敬するようになりました」。マネジャーを続けていてよかったと思えた。

　埼玉大会で記録員はしない。「ベンチに入れる男子部員が増える」から。主将の武田廉君（3年)は「本気で勝たせたいという思いが伝わる」。一体になったチームが、成長を続ける。

『朝日新聞 2019 年 7 月 12 日』

3. 考えよう

👤 一人で考えよう

次の (1)~(6) について考えましょう。なぜそう考えるのか根拠についても自分のことばで説明できるようにしましょう。

（1）2つの記事の共通点はどのようなところですか。

（2）それぞれの記事によると、マネージャーに期待されているものはどのようなものでしょうか。

（3）2つの記事の相違点はどのようなところですか。

（4）その違いはどこから生まれてくると思いますか。

（5）記事の中の写真からどのようことを感じますか。

（6）これらの記事を通して記者が読者に伝えたかったことは何だと思いますか。

👥 ペアで話し合おう

一人で考えたことについて、周囲の人とペアになって話し合いましょう。同じように考える点や考え方が異なる点などを確認しましょう。

👥 グループで話し合おう

ここまでに考えたことをグループで共有しましょう。同じような点を取り上げていても、ほかの人は自分では気づかなかった考えを持っているかもしれません。ほかの人の意見をよく聞いてさらに考えましょう。

🖥 クラスで話し合おう

各グループの意見を発表し、クラス全体で共有し、さらに考えましょう。

4. より深く考えよう

👤 一人で考えよう

下の (1)~(3) について調べて考えましょう。なぜそう考えるのか根拠についても自分のことばで説明できるようにしましょう。

(1) ほかの新聞記事を検索して高校野球の記事をたくさん探しましょう。

(2) それらの記事に出てくるマネージャーの「性別／主な仕事／マネージャーになったきっかけ／マネージャーをしている今の気持ち」などをまとめましょう。ほかに興味ある点があったらそれもまとめましょう。表やグラフにしてもいいです。

(3) それらの記事の中で、マネージャーが部活の中でどのように位置づけられているか考えましょう。たとえば、以下のような点などについて考えましょう。

・男子マネージャーと女子マネージャーとどちらが多いでしょうか。それはなぜでしょうか。

・マネージャーの仕事にはどのようなものがあるでしょうか。仕事の内容には性別による違いがあるでしょうか。

・マネージャーの仕事はその部の選手や先生たちができない仕事でしょうか。

・マネージャーはどのような点で評価されるのでしょうか。評価の対象や基準に性別による違いがあるでしょうか。

・日本社会は運動部のマネージャーをどのように考えているのでしょうか。

・そのように考えている根底にはどのような価値観があると思いますか。

・日本社会に生きる人々はその価値観をいつどこでどのようにして身につけていくと思いますか。そのように考えるのはなぜですか。

👥 ペアで話し合おう

一人で考えたことについて、周囲の人とペアになって話し合いましょう。同じように考える点や考え方が異なる点などを確認しましょう。

👥 グループで話し合おう

ここまでに考えたことをグループで共有しましょう。同じような点を取り上げていても、ほかの人は自分では気づかなかった考えを持っているかもしれません。ほかの人の意見をよく聞いてさらに考えましょう。

🖥️ クラスで話し合おう

各グループの意見を発表し、クラス全体で共有し、さらに考えましょう。

5. より広く考えよう

一人で考えよう

次の (1)~(4) について調べて考えましょう。なぜそう考えるのか根拠についても自分のことばで説明できるようにしましょう。

(1) ほかの新聞記事を読んでスポーツに関わる女子高校生の描き方の共通点を探しましょう。

(2) スポーツにかかわらず、女性を取り上げている新聞記事を幅広く探して、その取り上げ方を調べましょう。どのようなトピックが多いですか。女性のどのような点に焦点を当てている記事が多いですか。

(3) 「性別役割分業」ということばを調べ、それに当てはまる事例を集めましょう。

(4) (1)(2) で調べたことを、(3) で調べた「性別役割分業」の観点から考えましょう。

ペアで話し合おう

一人で考えたことについて、周囲の人とペアになって話し合いましょう。同じように考える点や考え方が異なる点などを確認しましょう。

グループで話し合おう

ここまでに考えたことをグループで共有しましょう。同じような点を取り上げていても、ほかの人は自分では気づかなかった考えを持っているかもしれません。ほかの人の意見をよく聞いてさらに考えましょう。

クラスで話し合おう

ここまでのディスカッションをふまえ、次の (1)(2) について話し合いましょう。

(1) ここまでに考え、話し合った内容について各グループの意見を発表し、クラス全体で共有し、さらに考えましょう。

(2) ここまでの活動をふまえて、「高校野球、部活、マネージャー、性別役割分業」の問題についてもう一度自分で考え、それを自分のことばでまとめましょう。

6. 発展

下の参考図書を読んで「部活」についてさらに深く考えてみましょう。

長沼豊 (2017)『部活動の不思議を語り合おう』ひつじ書房.

7. 振り返ろう

この課で考えたテーマや活動を振り返ってみましょう。書きやすい言語で書いてください。

（1）部活のマネージャーについて、これまで無意識だったこと、何か感じたこと、新しい気づきなどがありましたか。

（2）部活について何か感じたこと、新しく気づいたことがありましたか。

（3）部活や部活のマネージャーについて、以前と比較して考え方が変わったことはありますか。

（4）部活や部活のマネージャーについて、以前よりさらに強く思うようになったことはありますか。

（5）部活や部活のマネージャーについて、疑問に思うことはありますか。

（6）メディアの記事と社会が前提としている考え方や価値観との関係についてどのようなことを考えましたか。

8. 自分の学びを評価しよう

（1）部活のマネージャーについての記事を批判的に読み、「高校野球」文化について理解を深めることができた。

（2）部活のマネージャーの報道のされ方を調べ、その特徴を分析することができた。

（3）社会が前提としているものや価値観に目を向け、批判的に検討することができた。

（4）自分の意見をその根拠とあわせて説明することができた。

（5）他者の意見を受け止めた上で、それをもとにしてさらに自分の考えを深めることができた。

国際女性デーの ポスターを読もう

第**12**課

この課ですること

 TEXT
▶ ポスターや看板の内容を理解する。
▶ 調べたこと、自分の意見とその根拠を相手に伝える。

 EDC
▶ ポスターや看板のメッセージを批判的に検討する。
▶ 「対話」を積み上げながらさまざまな意見を受け止めて考える。

---

1. ポスターを読む前に

一人で考えよう

ポスターを読む前に、下の (1)~(3) について考えましょう。

（1）国際女性デー（International Women's Day）があることを知っていますか。何月何日でしょうか。また、どのような日だと思いますか。

（2）(1) のほかに国際女性デーについて何か知っていることがありますか。

（3）国際女性デーを通して、どのような問題がどのように解決されるとよいと思いますか。

ペアで話し合おう

一人で考えたことについて、周囲の人とペアになって話し合いましょう。同じように考える点や考え方が異なる点などを確認しましょう。

@ 蒼平　Sohei Mukoyama（X（旧 Twitter）2022 年 3 月 5 日の投稿）

3. 考えよう

🧑 一人で考えよう

ポスターを見て、次の (1)~(3) について考えましょう。なぜそう考えるのか根拠についても自分のことばで説明できるようにしましょう。

(1) ポスターに何が書かれていますか。どのようなメッセージが含まれているでしょうか。

(2) このポスターを見て、どのような人が誰に向けて作成したと思いますか。

(3) このポスターを見て、どう思いましたか。どのようなところに共感しましたか。どのようなところに疑問を感じましたか。

👥 ペアで話し合おう

一人で考えたことについて、周囲の人とペアになって話し合いましょう。同じように考える点や考え方が異なる点などを確認しましょう。

👨‍👩‍👧 グループで話し合おう

ここまでに考えたことをグループで共有しましょう。同じような点を取り上げていても、ほかの人は自分では気づかなかった考えを持っているかもしれません。ほかの人の意見をよく聞いてさらに考えましょう。

🖥 クラスで話し合おう

各グループの意見を発表し、クラス全体で共有し、さらに考えましょう。

4. より深く考えよう

一人で考えよう

下の (1)~(4) について考えましょう。なぜそう考えるのか根拠についても自分のことばで説明できるようにしましょう。

(1) 単語や文法、表現、文体の特徴、さらにモチーフ、レイアウトからどのようなことが読み取れますか。

(2) 誰の観点から書かれていますか。それはどのようなところから読み取れますか。

(3) ポスターの文字によるメッセージ内容（表記言語）と視覚的なメッセージ内容（ビジュアル言語）との間になんらかの関係性が見られますか。それはどのような関係性ですか。

(4) このポスターにはどのような意図が背景にあると思いますか。それはどのようなところから読み取れますか。

ペアで話し合おう

一人で考えたことについて、周囲の人とペアになって話し合いましょう。同じように考える点や考え方が異なる点などを確認しましょう。

グループで話し合おう

(1) ここまでに考えたことをグループで共有しましょう。同じような点を取り上げていても、ほかの人は自分では気づかなかった考えを持っているかもしれません。ほかの人の意見をよく聞いてさらに考えましょう。

(2) ほかのグループとメンバーを入れ替えて、最初のグループで話し合ったことを共有し、さらに深めましょう。

クラスで話し合おう

各グループの意見を発表し、クラス全体で共有し、さらに考えましょう。

5. より広く考えよう

一人で考えよう

下の (1)(2) について考えましょう。なぜそう考えるのか根拠についても自分のことばで説明できるようにしましょう。

(1) 国際女性デー（International Women's Day）には世界中でいろいろなポスターが掲げられています。インターネット上でも見ることができます。114 ページの 2 で見たポスター以外にどのようなものがあるでしょうか。いろいろなポスターを探して、見比べてみましょう。

(2) (1) で見たポスターの中で印象に残ったものはありますか。それはいつ、どこで、誰が、誰に向けて発信したものですか。どのような意図があると思いますか。また、どうしてそのポスターが印象に残りましたか。

ペアで話し合おう

一人で考えたことについて、周囲の人とペアになって話し合いましょう。同じように考える点や考え方が異なる点などを確認しましょう。

グループで話し合おう

(1) ここまでに考えたことをグループで共有しましょう。同じような点を取り上げていても、ほかの人は自分では気づかなかった考えを持っているかもしれません。ほかの人の意見をよく聞いてさらに考えましょう。

(2) ほかのグループとメンバーを入れ替えて、最初のグループで話し合ったことを共有し、さらに深めましょう。

クラスで話し合おう

各グループの意見を発表し、クラス全体で共有し、さらに考えましょう。

6. 振り返ろう

この課で考えたテーマや活動を振り返ってみましょう。書きやすい言語で書いてください。

（1）社会的な問題を扱うポスターに関して、これまで無意識だったこと、何か感じたこと、新しい気づきなどがありますか。

（2）ほかの人の意見で、よいと思ったものはありますか。

（3）以前と比較して自分の考えが変わったことはありますか。

（4）以前よりさらに強く思うようになったことはありますか。

（5）疑問に思うことはありますか。

7. 自分の学びを評価しよう

（1）ポスターや看板の内容を理解できた。

（2）調べたこと、自分の意見とその根拠を相手に伝えることができた。

（3）ポスターや看板を批判的に検討することができた。

（4）「対話」を積み上げながらさまざまな意見を受け止めて考えることができた。

外国人差別に関する
新聞記事を読もう

この課ですること

▶ 敬語などの言語表現に着目して複数の新聞記事を読み、比較して批判的に考える。
▶ 各新聞記事の報道姿勢について考える。

▶ 社会が前提としているものに目を向け、批判的に検討する。
▶ 自分の意見をその根拠とあわせてほかの人にわかりやすく説明する。
▶ 他者の意見を受け止めた上で、それをもとにしてさらに自分の考えを深める。

---

1. 新聞記事を読む前に

一人で考えよう

記事を読む前に、下の (1)〜(5) について考えましょう。

（1）自分が差別されていると感じたことがありますか。

（2）ほかの人が差別されているところを見たり聞いたりしたことがありますか。

（3）それらはどのような差別でしたか。

（4）自分がほかの人を差別していたと思うことがありますか。それらはどのような差別でしたか。

（5）「差別」とはどういうものだと思いますか。「区別」とはどういうものだと思いますか。「差別」
と「区別」とはどう違うと思いますか。なぜそう考えますか。

ペアで話し合おう

一人で考えたことについて、周囲の人とペアになって話し合いましょう。同じように考
える点や考え方が異なる点などを確認しましょう。

2. 外国人差別に関する新聞記事を読もう

【記事1】

車掌「多くの外国人で、ご不便を」車内アナウンスして口頭注意「差別の意図ない」と釈明

　南海電鉄の40代男性車掌が10日、車内で「本日は多数の外国人のお客さまが乗車されており、大変混雑しておりますので、日本人のお客さまにはご不便をおかけしております」という内容のアナウンスを行い、口頭注意を受けていたことが同社への取材で分かった。

　同社によると、アナウンスは難波発関西空港行きの空港急行内で天下茶屋を発車した同日午前11時半ごろあった。乗客の日本人女性が関空駅に到着後、「社内のルールに定められた内容の放送なのか」と駅員に問い合わせて発覚した。

　車掌は同社の聞き取りに「難波駅で車内の日本人男性客が『外国人が多くて邪魔』という内容を大声で叫んだのを聞き、トラブルを避けるために放送した。差別の意図はない」と説明したという。同社によると、これまでにも、車内の外国人観光客の大きな荷物に対する苦情が他の乗客から寄せられたことはあったが、この車掌が同様のアナウンスをしたのは今回が初めてという。

　同社は「日本人でも外国人でも、お客さまに変わりはない。区別するような言葉はふさわしくない」としている。【井川加菜美】

『毎日新聞 2016年10月11日』

【記事2】

南海電鉄車掌「外国人に辛抱を」　不適切として口頭注意

　南海電鉄の40代の男性車掌が10日午前、車内アナウンスで「日本人のお客様にご不便をおかけいたします。多数の外国人のお客様が乗車しており、しばらくの間、ご辛抱願います」と話していたことがわかった。同社は同日、「外国人差別ではない」としたうえで、「お客様を区別するような言葉は不適切」として車掌を口頭注意した。

　同社によると、放送があったのは10日午前11時半ごろ、難波発関西空港行き空港急行列車が天下茶屋駅（大阪市）を出発した直後。車掌は「難波駅を出発する前、『外国人が多くて邪魔』という男性客の大声を聞き、トラブルを避けるために放送した。外国人を差別する意図はなかった」と話しているという。

　関西空港駅に到着した日本人の乗客から「会社のルールに定められた放送なのか」と駅員に問い合わせがあり、発覚したという。

『朝日新聞 2016年10月11日』

【記事3】

「外国人乗車でご不便を」…南海電鉄車掌が放送

　南海電鉄の40歳代の車掌が10日、難波駅（大阪市）から関西空港駅に向かう急行で「多数の外国人が乗車しており、日本人のお客様にご不便をおかけしております」との車内アナウンスをしていたことがわかり、南海は同日、「乗客を区別するのは不適切」として車掌を口頭注意した。

　南海によると、放送をしたのは10日午前11時半頃、天下茶屋駅（大阪市）を発車した直後。車掌は「男性客が『外国人が多くて邪魔』と叫んでいたので、トラブルを避けるために放送した。差別する意図はなかった」と話しているという。

　日本人の乗客から「社内ルールに定められた放送なのか」と問い合わせがあり、発覚した。

『読売新聞 2016年10月11日』

【記事4】

「外国人多くご不便を」　南海電鉄40代車掌が不適切アナウンス…乗客クレーム発端　「差別の意図なかった」と釈明

　南海電鉄の40代の男性車掌が日本語で「本日は外国人のお客さまが多く乗車し、ご不便をお掛けしております」との車内アナウンスをしていたことが10日、同社への取材で分かった。車掌は「差別の意図はなかった」と釈明。同社は「客を区別するのは不適切」と車掌を口頭で注意した。

　同社によると車内アナウンスは10日午前11時半ごろ、難波発関西空港行き空港急行が天下茶屋を発車した直後の車内で流れた。

　車掌は同社の聞き取りに「日本人乗客の1人が車内で『外国人が多く邪魔だ』との内容を大声で言ったのを聞き、乗客間のトラブルを避けるため、所定の案内を放送した後、付け加えた」と話したという。

　関西空港駅到着後、乗客の日本人女性が駅員に「社内ルールに定められた放送なのか」と問い合わせて発覚した。同社は「日本人も外国人もお客さまであることには変わりない。再発防止を図りたい」としている。

『産経新聞　2016年10月10日』

3. 考えよう

👤 一人で考えよう

次の (1)~(4) について考えましょう。なぜそう考えるのか根拠についても自分のことばで説明できるようにしましょう。

（1）第3課で学んだ「批判的に読むときの着目点」を参考にして、4つの記事の書き方の共通点と相違点とを整理しましょう。たとえば、登場人物がどのように描かれているか、誰の行動にどういう敬語や表現が使われているか（または使われていないか）、などいろいろな点から考えましょう。整理したものを表にしましょう。

（2）それぞれの記事の共通点や相違点は何を意味すると考えられますか。

（3）それぞれの記事の共通点や相違点から、それぞれの記事を書いた記者や新聞社の姿勢について考えましょう。

（4）新聞記事と読者との関係を考えてみましょう。これらの新聞記事に (1)~(3) で考えたような特徴があるとしたら、それはどういうことを意味すると考えられるでしょうか。

👥 ペアで話し合おう

一人で考えたことについて、周囲の人とペアになって話し合いましょう。同じように考える点や考え方が異なる点などを確認しましょう。

👥 グループで話し合おう

ここまでに考えたことをグループで共有しましょう。同じような点を取り上げていても、ほかの人は自分では気づかなかった考えを持っているかもしれません。ほかの人の意見をよく聞いてさらに考えましょう。

🖥 クラスで話し合おう

各グループの意見を発表し、クラス全体で共有し、さらに考えましょう。

4. より深く考えよう

一人で考えよう

下の (1)(2) について考えましょう。なぜそう考えるのか根拠についても自分のことばで説明できるようにしましょう。

(1) これらの記事は「外国人差別」についての記事でしょうか。それとも別の意味を持った記事でしょうか。

(2) これらの記事の中に出てくる話を差別だと思う人は、誰が誰を差別しているのかについて考えましょう。そう考える根拠も説明できるようにしましょう。この記事の中に出てくる話を差別だと思わない人は、そう考える根拠を説明できるようにしましょう。

ペアで話し合おう

一人で考えたことについて、周囲の人とペアになって話し合いましょう。同じように考える点や考え方が異なる点などを確認しましょう。

グループで話し合おう

ここまでに考えたことをグループで共有しましょう。同じような点を取り上げていても、ほかの人は自分では気づかなかった考えを持っているかもしれません。ほかの人の意見をよく聞いてさらに考えましょう。

クラスで話し合おう

各グループの意見を発表し、クラス全体で共有し、さらに考えましょう。

[第 13 課] 外国人差別に関する新聞記事を読もう　123

5. より広く考えよう

👤 一人で考えよう

下の (1)(2) について考えましょう。なぜそう考えるのか根拠についても自分のことばで説明できるようにしましょう。

（1） これらの記事から、社会が前提としているものについて考えましょう。日本社会において外国人はどのように見られていると考えることができますか。その見方についてどう思いますか。

（2） ここまでの活動をふまえて、「日本社会における外国人」の問題についてもう一度自分で考え、それを自分のことばでまとめましょう。

👥 ペアで話し合おう

一人で考えたことについて、周囲の人とペアになって話し合いましょう。同じように考える点や考え方が異なる点などを確認しましょう。

👥 グループで話し合おう

ここまでに考えたことをグループで共有しましょう。同じような点を取り上げていても、ほかの人は自分では気づかなかった考えを持っているかもしれません。ほかの人の意見をよく聞いてさらに考えましょう。

🖥 クラスで話し合おう

各グループの意見を発表し、クラス全体で共有し、さらに考えましょう。

下の (1)～(3) について考えましょう。

（1）外国人差別、人種差別、性差別など「差別」に関して書かれているものを、新聞やウェブサイト、ブログなどから集めて読みましょう。X や Facebook などの SNS から探してもいいです。そして、それらの中で明らかにされている「考え方」が、個別的・個人的なものなのか、ほかの人や社会全体にも当てはまる普遍的なものなのか考えましょう。それらの考え方に対して、自分はどう考えるのかもまとめましょう。

（2）たとえば、新型コロナウイルス（covid-19）に関する出来事のような、全国で同時多発的に起こる出来事や、沖縄の米軍基地問題、原発問題などのように、特定の地域の問題でもあり日本全体の問題でもあるようなトピックを複数の新聞が同時期に記事にして報じている例を集め、批判的に読んで分析し、考えましょう。

（3）（2）で考えたトピックが、ほかの国でも報じられているかどうか、どのように報じられているかについても調べて、日本の報道と比べてみましょう。

7. 振り返ろう

この課で考えたテーマや活動を振り返ってみましょう。書きやすい言語で書いてください。

（1）ことばによる区別や差別についてこれまで無意識だったこと、何か感じたこと、新しい気づきなどがありますか。

（2）各新聞社の報道姿勢についてどのようなことを考えましたか。

（3）日本社会における外国人の捉え方について、以前と比較して自分の考えが変わったことはありますか。

（4）日本社会における外国人の捉え方について、以前よりさらに強く思うようになったことはありますか。

（5）日本社会における外国人の捉え方について、疑問に思うことはありますか。

8. 自分の学びを評価しよう

（1）それぞれの記事における報道のしかたの違いを読み取り、その特徴を分析することができた。

（2）新聞社の姿勢について考えることができた。

（3）社会が前提としているものに目を向け、批判的に検討することができた。

（4）自分の意見をその根拠とあわせてわかりやすく説明することができた。

（5）他者の意見を受け止めた上で、それをもとにしてさらに自分の考えを深めることができた。

ヘイトスピーチと自由に関する新聞記事を読もう

第**14**課

この課ですること

TEXT

▶ 新聞記事を読み、何が問題となっているか、なぜ問題となっているかを理解する。

▶ 記事の中で述べられている意見を理解し、その主張を受け止める。

▶ 事実関係と根拠との関係に注意して論理性を確かめる。

EDC

▶ 事実関係やものごとの定義などを自分で調べ、批判的に考える。

▶ 自分の意見をその根拠とあわせてほかの人にわかりやすく説明する。

▶ 他者の意見を受け止めた上で、それをもとにしてさらに自分の考えを深める。

---

1. 新聞記事を読む前に

👤 一人で考えよう

記事を読む前に、下の (1)~(4) について考えましょう。

(1)「ヘイトスピーチ」と聞いてどのようなものを想像しますか。

(2)「ヘイトスピーチ」と「意見」や「主張」とを分けるものは何だと思いますか。そのように考えるのはなぜですか。

(3)「表現の自由」「表現の不自由」と聞いてどのようなことを思いますか。思いつくものを書き出して関連づけ、「マインドマップ」を作ってみましょう。

(4)「政治的中立」に関する出来事で知っているものがありますか。

👥 ペアで話し合おう

一人で考えたことについて、周囲の人とペアになって話し合いましょう。同じように考える点や考え方が異なる点などを確認しましょう。

2. ヘイトスピーチと表現の自由に関する新聞記事を読もう

【主張】愛知の企画展中止　ヘイトは「表現の自由」か

　芸術であると言い張れば「表現の自由」の名の下にヘイト（憎悪）行為が許されるのか。

　そうではあるまい。

　だから多くの人が強い違和感や疑問を抱き、批判したのではないか。憲法は「表現の自由」をうたうとともに、その濫用をいさめている。

　愛知県などが支援する国際芸術祭「あいちトリエンナーレ2019」の企画展「表現の不自由展・その後」が開幕から3日で中止された。直接の理由は展示内容に対する脅迫だとされる。

　暴力や脅迫が決して許されないのは当然である。

　一方で、企画展の在り方には大きな問題があった。「日本国の象徴であり日本国民の統合」である天皇や日本人へのヘイト行為としかいえない展示が多くあった。

　バーナーで昭和天皇の写真を燃え上がらせる映像を展示した、昭和天皇とみられる人物の顔が剥落した銅版画の題は「焼かれるべき絵」で、作品解説には「戦争責任を天皇という特定の人物だけでなく、日本人一般に広げる意味合いが生まれる」とあった。

　「慰安婦像」として知られる少女像も展示され、作品説明の英文に「Sexual Slavery」（性奴隷制）とあった。史実をねじ曲げた表現である。

　同芸術祭実行委員会の会長代行を務める河村たかし名古屋市長は「日本国民の心を踏みにじる」として像の展示中止を求めた。

　これに対して実行委会長の大村秀章愛知県知事は、河村氏の要請を「表現の自由を保障した憲法第21条に違反する疑いが極めて濃厚」と非難した。

　これはおかしい。憲法第12条は国民に「表現の自由」などの憲法上の権利を濫用してはならないとし、「常に公共の福祉のためにこれを利用する責任を負ふ」と記している。今回の展示のようなヘイト行為が「表現の自由」の範囲内に収まるとは、到底、理解しがたい。大村氏は開催を反省し、謝罪すべきだろう。県や名古屋市、文化庁の公金支出は論外である。

　芸術祭の津田大介芸術監督は表現の自由を議論する場としたかったと語ったが、世間を騒がせ、対立をあおる「炎上商法」のようにしかみえない。

　左右どちらの陣営であれ、ヘイト行為は「表現の自由」に含まれず、許されない。当然の常識を弁えるべきである。

『産経新聞 2019年8月7日』

3. 考えよう

一人で考えよう

次の (1)~(6) について考えましょう。なぜそう考えるのか根拠についても自分のことばで説明できるようにしましょう。

(1) 「天皇へのヘイト行為としかいえない展示」とは何を指しているでしょうか。それについてどう思いますか。

(2) 「日本人へのヘイト行為としかいえない展示」とは何を指しているでしょうか。それについてどう思いますか。

(3) この記事がそれらを「ヘイト行為としかいえない」と考える根拠は何でしょうか。その根拠はどのように説明されていますか。

(4) その根拠の妥当性についてどう思いますか。そのように考えるのはなぜですか。

(5) 日本において、第二次世界大戦の戦争責任は誰にあると考えますか。そのように考えるのはなぜですか。

(6) 記事の中に「史実をねじ曲げた表現である」という表現が出てきますが、その表現をヒントにすれば、この記事を書いた記者や新聞社はどのような内容を「史実」だと考えていると言えるでしょうか。そのように考えるのはなぜですか。

ペアで話し合おう

一人で考えたことについて、周囲の人とペアになって話し合いましょう。同じように考える点や考え方が異なる点などを確認しましょう。

グループで話し合おう

ここまでに考えたことをグループで共有しましょう。同じような点を取り上げていても、ほかの人は自分では気づかなかった考えを持っているかもしれません。ほかの人の意見をよく聞いてさらに考えましょう。

クラスで話し合おう

各グループの意見を発表し、クラス全体で共有し、さらに考えましょう。

4. より深く考えよう

一人で考えよう

下の (1)～(4) について調べましょう。なぜそう考えるのか根拠についても自分のことばで説明できるようにしましょう。

（1）「ヘイトスピーチ」の定義を調べましょう。

（2）日本国憲法で「天皇」がどのように書かれているか調べましょう。

（3）「慰安婦」に関する「史実」を調べましょう。

（4）「慰安婦」のことを「性奴隷」ということばで位置づけている談話や組織を探し、それらの主張を読んで理解しましょう。

ペアで話し合おう

一人で考えたことについて、周囲の人とペアになって話し合いましょう。同じように考える点や考え方が異なる点などを確認しましょう。

グループで話し合おう

ここまでに考えたことをグループで共有しましょう。同じような点を取り上げていても、ほかの人は自分では気づかなかった考えを持っているかもしれません。ほかの人の意見をよく聞いてさらに考えましょう。

クラスで話し合おう

各グループの意見を発表し、クラス全体で共有し、さらに考えましょう。

5. より広く考えよう

👤 一人で考えよう

次の (1)~(7) について考えましょう。なぜそう考えるのか根拠についても自分のことばで説明できるようにしましょう。

(1) この記事は「芸術」的展示物の一部を「ヘイト」だと考えて書かれた文章ですが、それを新聞社が社説（社の意見を主張する記事）として広く発信することの意味や社会に対する影響はどのようなものでしょうか。

(2) 表現の自由がない社会はどのような社会でしょうか。

(3) 表現の自由がない社会と表現の自由がある社会とではどちらがいいでしょうか。

(4) 表現の自由がない社会にするためには、どのような方法があるでしょうか。

(5) 表現の自由がある社会を守るためには、どのような方法があるでしょうか。

(6) 表現の自由を守るために、私たちは何ができるでしょうか。

(7) 表現の自由のために活動している個人や団体について知っていることがありますか。知っていることやどこで知ったかなどを簡単に書き出しましょう。何も知らない場合は調べてみましょう。

👥 ペアで話し合おう

一人で考えたことについて、周囲の人とペアになって話し合いましょう。同じように考える点や考え方が異なる点などを確認しましょう。

👥 グループで話し合おう

ここまでに考えたことをグループで共有しましょう。同じような点を取り上げていても、ほかの人は自分では気づかなかった考えを持っているかもしれません。ほかの人の意見をよく聞いてさらに考えましょう。

🎓 クラスで話し合おう

ここまでのディスカッションをふまえ、次の (1)(2) について話し合いましょう。

（1）ここまでに考え、話し合った内容について各グループの意見を発表し、クラス全体で共有し、さらに考えましょう。

（2）「ヘイトスピーチと表現の自由」の問題についてもう一度自分で考え、それを自分のことばでまとめましょう。

6. 発展

下の (1)~(3) について考えましょう。

（1）記事の出来事について、その後の展開を調べましょう。「あいちトリエンナーレ 2019」や「表現の不自由展」をキーワードにして検索してみてください。

（2）新聞以外のメディアの情報も探して読みましょう。

（3）表現の自由の問題をさらに発展させて考えましょう。

・「表現の自由」よりも「公共の福祉」のほうが優先された事例を探しましょう。そして今回の事例と比べて、共通点や相違点を考えましょう。

・憲法で守られている人権に制限がかけられるときがあるでしょうか。あるとしたらそれはどのようなときでしょうか。

・同じ第二次世界大戦の敗戦国であるドイツと日本は戦争責任の取り方などでよく比較されます。ドイツの戦争責任の取り方と日本の戦争責任の取り方とを比べて共通点や相違点を考えましょう。

7. 振り返ろう

この課で考えたテーマや活動を振り返ってみましょう。書きやすい言語で書いてください。

（1）ヘイトスピーチや表現の自由について、これまで無意識だったこと、何か感じたこと、新しい気づきなどがありますか。

（2）ヘイトスピーチや表現の自由について、以前と比較して自分の考えが変わったことはありますか。

（3）ヘイトスピーチや表現の自由について、以前よりさらに強く思うようになったことはありますか。

（4）ヘイトスピーチや表現の自由に関するメディアの言説についてどのようなことを考えましたか。自分のことばで書きましょう。

（5）ヘイトスピーチや表現の自由について、疑問に思うことはありますか。

8. 自分の学びを評価しよう

（1） 記事が取り上げている出来事の問題性を理解できた。

（2） 社説の意見をその根拠とあわせて理解できた。

（3） 社説の意見の論理性に注意し、批判的検討をすることができた。

（4） 事実関係や定義などを自分で調べ、批判的に考えることができた。

（5） 自分の意見をその根拠とあわせてわかりやすく説明することができた。

（6） 他者の意見を受け止めた上で、それをもとにしてさらに自分の考えを深めることができた。

自殺に関するデータを読もう

第**15**課

この課ですること

- ▶ 自殺に関する現状を知る。
- ▶ 自殺の数値が記載された表をさまざまな視点から分析する。
- ▶ ある現象と社会を関連づけて考える。

- ▶ ある現象の原因を多角的に見る。
- ▶ 社会で何ができるか解決法を探る。

---

1. データを読む前に

👤 一人で考えよう

データを読む前に、下の (1)~(3) について考えましょう。

(1) 自殺というテーマについて見たり聞いたりしたことがありますか。どのようなものを、どのようなところで見たり聞いたりしましたか。

(2) 自殺の「実情」や「原因」について、どのような内容を思い浮かべますか。

(3) 「自殺」ではなく、「自死」ということばが使われることがあります。このことばはどのような背景から生まれたと思いますか。その言い換えについてどう考えますか。

👥 ペアで話し合おう

一人で考えたことについて、周囲の人とペアになって話し合いましょう。同じように考える点や考え方が異なる点などを確認しましょう。

2. 自殺に関するデータを読もう

平成27年における死因順位別にみた年齢階層・性別死亡数・死亡率・構成割合

総　数

年齢階級	第1位 死因	死亡数	死亡率	割合(%)	第2位 死因	死亡数	死亡率	割合(%)	第3位 死因	死亡数	死亡率	割合(%)
10～14歳	悪性新生物	107	1.9	22.8	自殺	89	1.6	18.9	不慮の事故	74	1.3	15.7
15～19歳	自殺	447	7.5	36.6	不慮の事故	288	4.8	23.6	悪性新生物	147	2.5	12.0
20～24歳	自殺	1,052	17.9	50.1	不慮の事故	365	6.2	17.4	悪性新生物	176	3.0	8.4
25～29歳	自殺	1,234	19.6	47.2	悪性新生物	323	5.1	12.3	不慮の事故	301	4.8	11.5
30～34歳	自殺	1,398	19.5	39.4	悪性新生物	654	9.1	18.4	不慮の事故	356	5.0	10.0
35～39歳	自殺	1,573	19.1	29.1	悪性新生物	1,284	15.6	23.8	心疾患	514	6.2	9.5
40～44歳	悪性新生物	2,848	29.4	29.2	自殺	1,984	20.5	20.3	心疾患	1,142	11.8	11.7
45～49歳	悪性新生物	4,519	52.4	33.4	自殺	1,965	22.8	14.5	心疾患	1,750	20.3	12.9
50～54歳	悪性新生物	7,764	98.2	39.4	心疾患	2,550	32.2	12.9	自殺	2,008	25.4	10.2
55～59歳	悪性新生物	13,123	174.5	45.7	心疾患	3,425	45.5	11.9	脳血管疾患	2,171	28.9	7.6
60～64歳	悪性新生物	25,325	298.3	48.5	心疾患	6,404	75.4	12.3	脳血管疾患	3,632	42.8	7.0

男

年齢階級	第1位 死因	死亡数	死亡率	割合(%)	第2位 死因	死亡数	死亡率	割合(%)	第3位 死因	死亡数	死亡率	割合(%)
10～14歳	自殺	61	2.1	22.8	不慮の事故	53	1.9	19.9	悪性新生物	52	1.8	19.5
15～19歳	自殺	310	10.1	37.1	不慮の事故	231	7.5	27.6	悪性新生物	86	2.8	10.3
20～24歳	自殺	781	25.9	51.6	不慮の事故	294	9.8	19.4	悪性新生物	112	3.7	7.4
25～29歳	自殺	914	28.5	51.2	不慮の事故	238	7.4	13.3	悪性新生物	153	4.8	8.6
30～34歳	自殺	1,034	28.3	44.5	不慮の事故	272	7.4	11.7	悪性新生物	260	7.1	11.2
35～39歳	自殺	1,163	27.7	33.7	悪性新生物	521	12.4	15.1	心疾患	403	9.6	11.7
40～44歳	自殺	1,459	29.6	23.5	悪性新生物	1,225	24.9	19.7	心疾患	904	18.4	14.5
45～49歳	悪性新生物	2,035	46.6	23.5	自殺	1,410	32.3	16.3	心疾患	1,384	31.7	16.0
50～54歳	悪性新生物	3,923	98.5	30.6	心疾患	2,028	50.9	15.8	自殺	1,474	37.0	11.5
55～59歳	悪性新生物	7,622	203.3	39.2	心疾患	2,761	73.6	14.2	脳血管疾患	1,561	41.6	8.0
60～64歳	悪性新生物	16,179	386.9	44.8	心疾患	5,036	120.4	13.9	脳血管疾患	2,586	61.8	7.2

女

年齢階級	第1位 死因	死亡数	死亡率	割合(%)	第2位 死因	死亡数	死亡率	割合(%)	第3位 死因	死亡数	死亡率	割合(%)
10～14歳	悪性新生物	55	2.0	27.1	自殺	28	1.0	13.8	不慮の事故	21	0.8	10.3
15～19歳	自殺	137	4.7	35.7	悪性新生物	61	2.1	15.9	不慮の事故	57	2.0	14.8
20～24歳	自殺	271	9.4	46.2	不慮の事故	71	2.5	12.1	悪性新生物	64	2.2	10.9
25～29歳	自殺	320	10.4	38.6	悪性新生物	170	5.5	20.5	不慮の事故	63	2.0	7.6
30～34歳	悪性新生物	394	11.2	32.2	自殺	364	10.3	29.7	不慮の事故	84	2.4	6.9
35～39歳	悪性新生物	763	18.9	39.2	自殺	410	10.1	21.1	心疾患	111	2.7	5.7
40～44歳	悪性新生物	1,623	34.1	45.6	自殺	525	11.0	14.8	脳血管疾患	252	5.3	7.1
45～49歳	悪性新生物	2,484	58.4	50.9	自殺	555	13.0	11.4	脳血管疾患	368	8.7	7.5
50～54歳	悪性新生物	3,841	97.8	55.8	自殺	534	13.6	7.8	心疾患	522	13.3	7.6
55～59歳	悪性新生物	5,501	145.9	59.3	心疾患	664	17.6	7.2	脳血管疾患	610	16.2	6.6
60～64歳	悪性新生物	9,146	212.3	56.9	心疾患	1,368	31.8	8.5	脳血管疾患	1,046	24.3	6.5

注）構成割合は、それぞれの年齢階級別死亡数を100とした場合の割合である。

厚生労働省（2017）『平成29年度自殺対策白書』

3. 考えよう

👤 一人で考えよう

前ページの表を見て、次の (1)~(4) について考えましょう。なぜそう考えるのか根拠についても自分のことばで説明できるようにしましょう。

（1）表全体を見てみましょう。どのような項目がありますか。

（2）死因と死亡数の項目の「総数」「男」「女」をそれぞれ見てみましょう。どのような傾向が読み取れますか。

（3）死因と年齢階級の項目の「総数」「男」「女」をそれぞれ見てみましょう。どのような傾向が読み取れますか。

（4）日本は自殺率が高い国とされています。日本社会にその原因となるような特徴があると思いますか。

👥 ペアで話し合おう

一人で考えたことについて、周囲の人とペアになって話し合いましょう。同じように考える点や考え方が異なる点などを確認しましょう。

👥 グループで話し合おう

ここまでに考えたことをグループで共有しましょう。自分では気づかなかった見方を、ほかの人が持っているかもしれません。ほかの人の意見をよく聞いてさらに考えましょう。

🖥 クラスで話し合おう

各グループの意見を発表し、クラス全体で共有し、さらに考えましょう。

4. より深く考えよう

👤 一人で考えよう

下の (1)~(4) について調べましょう。なぜそうなるのか根拠についても自分のことばで説明できるようにしましょう。

（1）さまざまな国の自殺率や自殺者の性別、年齢、原因等を調べましょう。

（2）(1) で調べたことが年代によってどう変化しているか調べましょう。

（3）(1)(2) で調べたことが、どのように社会と関係しているか考えましょう。

（4）どのようにしたら自殺を減らすことができると思いますか。方法を考えましょう。

👥 ペアで話し合おう

一人で考えたことについて、周囲の人とペアになって話し合いましょう。同じように考える点や考え方が異なる点などを確認しましょう。

👥 グループで話し合おう

ここまでに考えたことをグループで共有しましょう。同じような点を取り上げていても、ほかの人は自分では気づかなかった考えを持っているかもしれません。ほかの人の意見をよく聞いてさらに考えましょう。

👥 クラスで話し合おう

各グループの意見を発表し、クラス全体で共有し、さらに考えましょう。

5. 発展

ニュースやドキュメンタリー作品など、ほかのリソースから自殺についてさらに考えてみましょう。特設ウェブページ（https://www.bonjinsha.com/wp/edc）では一例を紹介しています。参考にしてください。

6. 振り返ろう

この課で考えたテーマや活動を振り返ってみましょう。書きやすい言語で書いてください。

（1）「自殺」に関してこれまで無意識だったこと、何か感じたこと、新しい気づきなどがありますか。

（2）自分の発想や固定概念からの解放感のようなものを感じましたか。

（3）ほかの人の意見で、よいと思ったものはありますか。

（4）以前と比較して自分の考えが変わったことはありますか。

（5）以前よりさらに強く思うようになったことはありますか。

（6）疑問に思うことはありますか。

7. 自分の学びを評価しよう

（1）自殺に関する現状を知ることができた。

（2）自殺に関する表をさまざまな視点から分析し、理解することができた。

（3）自殺の原因について多角的に考えることができた。

（4）自殺を減らすために、社会で何ができるかを考えることができた。

靖国神社に関する新聞記事を読もう

この課ですること

TEXT
- ▶ ある事象や建造物の歴史の描かれ方を批判的に捉える。
- ▶ 戦争を「自分ごと」として考えてみる。

EDC
- ▶ 語られること、語られないことからテクストを批判的に読む。
- ▶ 国家、政治と個人の関わりについて考える。

---

1. 新聞記事を読む前に

🧑 一人で考えよう

記事を読む前に、下の (1)(2) について考えましょう。

（1）あなたにとって「戦争」とは何ですか。「あなた個人」と「国家」を関係づけて考えましょう。

（2）靖国神社について知っていることをあげましょう。

👥 ペアで話し合おう

一人で考えたことについて、周囲の人とペアになって話し合いましょう。同じように考える点や考え方が異なる点などを確認しましょう。

英国軍ラグビーチーム、靖国神社参拝　物議醸す　英紙報道

「指示したことはない」と大使館報道官

　英紙タイムズ（電子版）は 19 日までに、現役の英軍人で構成されるラグビーチームが訪日中に靖国神社を参拝し、物議を醸したと報じた。第二次大戦で日本と戦った英国内では「Ａ級戦犯が合祀される神社を参拝した」との批判があり、ポール・マデン駐日英国大使が注意したという。

　タイムズによると、同チームは、防衛省の主催で 23 日まで開かれている「国際防衛ラグビー競技会」に参加。参拝の経緯は不明だが、チーム関係者は「（参拝は）とても考えが甘い行為だった」と話している。マデン氏は念のため、今後は日本で神社の参拝を避けるよう注意したという。

　同紙などは、英国内で「靖国神社にＡ級戦犯が合祀されていることを理解していたのか」と指摘する声が上がる一方、「戦争に対する和解だ」と称賛する反応もあったと伝えている。

　靖国神社を参拝した英軍人で構成されるラグビーチームに、ポール・マデン駐日英国大使が日本で神社の参拝を避けるよう注意したとする英紙タイムズの報道に対し、在日英国大使館の報道官は 20 日、「大使はいかなる人に対しても日本の神社を訪れないよう指示したことはない」との談話を発表した。一方で「英国政府は靖国神社を訪問することの敏感さについては十分に理解する」とした。

『産経新聞 2019 年 9 月 20 日』

3. 考えよう

👤 一人で考えよう

前のページの産経新聞の記事を読んで、次の (1)~(6) について考えましょう。なぜそう考えるのか根拠についても自分のことばで説明できるようにしましょう。

（1） 見出しを複数の文の形にしてみましょう。

（2） 見出しから、何が問題になっているか想像してみましょう。

（3） (1) で見出しを文の形にしました。本文の内容はその文と一致していましたか。一致していなかったら、何をどう変えたらわかりやすい見出しになるか考えましょう。

（4） 記事の本文から見て、見出しは妥当だと思いましたか。どの点が見出しとして曖昧だったか考えましょう。

（5） 見出しの「物議醸す」や本文中の「靖国神社を訪問することの敏感さ」とはどういう意味だと思いますか。

（6） 英国軍ラグビーチームの靖国神社参拝に対し、タイムズ紙が伝えたことと大使館が発表したことが違っています。何が問題になっているか、この記事の論点について考えてみましょう。

👥 ペアで話し合おう

一人で考えたことについて、周囲の人とペアになって話し合いましょう。同じように考える点や考え方が異なる点などを確認しましょう。

👥 グループで話し合おう

ここまでに考えたことをグループで共有しましょう。自分では気づかなかった見方を、ほかの人が持っているかもしれません。ほかの人の意見をよく聞いてさらに考えましょう。

🐾 クラスで話し合おう

各グループの意見を発表し、クラス全体で共有し、さらに考えましょう。

4. より深く考えよう

👤 一人で考えよう

次の (1)~(9) について考えましょう。なぜそう考えるのか根拠についても自分のことばで説明できるようにしましょう。

（1）靖国神社には誰が神としてまつられていると思いますか。

（2）靖国神社の「神」となる条件は何だと思いますか。靖国神社の公式ウェブサイトなどで調べましょう。

（3）「戊辰戦争」「佐賀の乱」「西南戦争」について簡単に調べましょう。「神」としてまつられている人、また、まつられなかった人はどのような人たちですか。

（4）（3）で調べたものを時代別に分け、それぞれの時代の「神」を区分してみましょう。時代別にその時々の「敵」と「味方」を書き出しましょう。

（5）「靖国で会おう」ということばを知っていますか。どういう意味で使われていたかを調べましょう。

（6）靖国神社公式ウェブサイトでは戦争がどのように描かれていますか。話し合いましょう。

（7）靖国神社は、明治 2 年（1869）に明治天皇によって建てられたのが始まりだそうです。創建時や第二次世界大戦中の靖国神社がどのような存在だったか、どのような目的を持っていたか、時代背景を念頭に置きながら考えてみましょう。できるだけ多くの資料を見て、それらの資料を書いた人の立場も考えましょう。

（8）「靖国（神社）問題」とは何でしょう。これをキーワードにできるだけ多くの資料を見て、いくつかの論点をあげましょう。史実と関連づけて検討することで、現在の靖国神社の意味も考えましょう。

（9）あなたにとって戦争とは何ですか。戦死して靖国神社にまつられることをどのように考えますか。

👥 ペアで話し合おう

一人で考えたことについて、周囲の人とペアになって話し合いましょう。同じように考える点や考え方が異なる点などを確認しましょう。

👥 グループで話し合おう

ここまでに考えたことをグループで共有しましょう。同じような点を取り上げていても、ほかの人は自分では気づかなかった考えを持っているかもしれません。ほかの人の意見をよく聞いてさらに考えましょう。

🖥 クラスで話し合おう

各グループの意見を発表し、クラス全体で共有し、さらに考えましょう。

---

5. 発展

下の (1)(2) について考えましょう。

(1) 英国軍ラグビーチームの靖国神社参拝に関して書かれているものを、新聞やウェブサイト、ブログなどから集めて読みましょう。X や Facebook などの SNS から探してもいいです。そして、142 ページの 2 の産経新聞の記事との違いや欠けている部分を発見しましょう。そして、どうして違っている部分や欠けている部分があるのか考えましょう。

(2) 見つけた媒体やメディアの違い、新聞の立場も考慮しつつ、(1) の理由についても考えましょう。

6. 振り返ろう

この課で考えたテーマや活動を振り返ってみましょう。書きやすい言語で書いてください。

（1）靖国神社に関してこれまで無意識だったこと、何か感じたこと、新しい気づきなどがありますか。

（2）ほかの人の意見で、よいと思ったものはありますか。

（3）以前と比較して自分の考えが変わったことはありますか。

（4）以前よりさらに強く思うようになったことはありますか。

（5）疑問に思うことはありますか。

7. 自分の学びを評価しよう

（1）ある事象や建造物の歴史の描かれ方を批判的に捉えることができた。

（2）戦争を「自分ごと」として考えることができた。

（3）書かれたことだけでなく、書かれていないことからテクストを批判的に読むことができた。

（4）国家、政治と個人の関わりについて考えることができた。

風評払拭に関する文書を読もう

この課ですること

- ▶ 風評払拭に関する意図とディスコースとデータの関係を見る。
- ▶ 風評払拭に関して選択された表現の前提について考える。

- ▶ 国家の市民に対する姿勢を批判的に見る。
- ▶ 民主主義の視点からコミュニケーションを考える。

1. 文書を読む前に

一人で考えよう

文書を読む前に、下の (1)~(7) について考えましょう。

(1) 「風評被害」ということばを聞いたことがありますか。どういう意味だと理解していますか。

(2) どのようなことに「風評被害」ということばが用いられていますか。例をあげて考えてみましょう。

(3) 「風評被害」ということばが前提としていることは何ですか。また、このことばを使うことで、見えなくなるものがありますか。それはどのようなものですか。

(4) 「風評払拭」とはどういう意味ですか。

(5) 「風評被害」を前提に、「風評払拭」をするというのはどういうことだと思いますか。

(6) 「リスクコミュニケーション」とはどういう意味ですか。

(7) 「リスクコミュニケーション」と「風評払拭」はどういう関係にあると思いますか。

ペアで話し合おう

一人で考えたことについて、周囲の人とペアになって話し合いましょう。同じように考える点や考え方が異なる点などを確認しましょう。

Ⅱ．強化内容

1．知ってもらう（放射線に関する正しい知識の理解と誤解の払拭）

（1）伝えるべき対象

①児童生徒及び教師等教育関係者

②妊産婦並びに乳幼児及び児童生徒の保護者

③広く国民一般

【対象とする理由】

　被災児童生徒へのいじめの問題をはじめとした原子力災害に起因するいわれのない偏見や差別の背景には、放射線に関する正しい知識の理解の欠如と福島県の現状に対する認識不足がある。こうした認識不足による誤解は、時間の経過とともに固定化していくおそれがあることから、これまで放射線に関する情報に接することが少なかった地域の住民を含め広く国民一般に対して早急に情報の発信が必要である。

　特に、価値観の礎となる児童生徒への教育では、正しい知識を持った教師等が授業で使いやすく、児童生徒が分かりやすいコンテンツを基に正確な情報を伝える必要がある。

　また、これから子供を持つ妊産婦を含めた保護者への情報発信も重要であり、子供の健康影響等に関する情報を強く求めている妊産婦等にも確実に正しい情報を届ける必要がある。

（2）伝えるべき内容

①放射線の基本的事項及び健康影響

　(e) 放射線による発がんリスクの増加は、100 ～ 200 ミリシーベルトの被ばくをした場合であっても、野菜不足や高塩分食品摂取による 発がんリスクの増加に相当する程度である。

復興庁 (2017)「風評払拭・リスクコミュニケーション強化戦略」

3. 考えよう

一人で考えよう

前ページの文書は、復興庁が 2017 年に「風評払拭・リスクコミュニケーション強化戦略」として発表したもので、7 課のデータ（66 ページ）に関連する記述部分です。文を読んで、次の (1)~(6) について考えましょう。なぜそう考えるのか根拠についても自分のことばで説明できるようにしましょう。

（1）「1．知ってもらう」とありますが、誰が誰にどのような目的で知ってもらうのですか。

（2）「知ってもらう」という表現から、この戦略のどのような姿勢がうかがえますか。

（3）【対象とする理由】では、現在の状況とその原因、その解決策が書かれています。それらの関係性に関して、どう考えますか。

（4）【対象とする理由】では、「正しい知識」という表現が 2 度使われています。誰がその正しい知識を持っていて、誰へそれを伝えるのでしょうか。

（5）「(2) 伝えるべき内容」の 1 つとして (e) があげられていました。復興庁にとって伝えるべき「正しい知識」とは何でしょうか。

（6）復興庁にとって「正しくない知識」とはどのようなものだと考えられますか。

ペアで話し合おう

一人で考えたことについて、周囲の人とペアになって話し合いましょう。

グループで話し合おう

ここまでに考えたことをグループで共有しましょう。自分では気づかなかった見方を、ほかの人が持っているかもしれません。ほかの人の意見をよく聞いてさらに考えましょう。

クラスで話し合おう

各グループの意見を発表し、クラス全体で共有し、さらに考えましょう。

4. 風評払拭に関する文書を読もう (2)

1 知ってもらう

(4) 風評払拭に向けて取り組むべき具体的な施策

①放射線教育

学校における放射線に関する教育の支援等

　児童生徒が放射線に関する知識を科学的に理解し、科学的に考え行動することができるよう、学校における放射線教育に関する支援を実施。

○**放射線副読本の改訂・普及**　　　　　　　[30 年度予算額：179 百万円（新規）]

・平成 26 年 3 月に、放射線副読本を作成し、全国の小・中・高等学校等に配布。

・現在の放射線副読本の作成から 4 年が経過したことから、有識者等から意見を聴取するとともに、福島県教育委員会や関係省庁と意見交換を行いつつ、内容や構成の見直しについて検討。

・平成 30 年度中のできるだけ早い時期に全国の小・中・高等学校等に配布するとともに、配布後に活用状況についてフォローアップを実施予定。

≪**見直しの方向性**≫

①まず、放射線に関する科学的な知識を理解した上で、原発事故の状況や復興に向けた取組を学ぶという章立ての構成。

②復興が進んでいる一方で避難児童生徒に対するいじめが課題となっていることを踏まえ、いじめは決して許されないことについて強く言及。

③震災から 7 年が経過し、住民の帰還や避難指示の一部解除、学校の再開など、復興が着実に前進している様子を紹介。

≪**活用状況のフォローアップ**≫

・授業での活用状況、活用した教科名、活用にあたって工夫した点、改善すべき点などについて、教師の勤務実態にも配慮しながら、アンケート調査（抽出方式）により、フォローアップを行う予定。

「文部科学省における「風評払拭・リスクコミュニケーション強化戦略」を踏まえた主な取組について (2018)」より。番号（①②③）を追加。[https://www.reconstruction.go.jp/topics/main-cat1/sub-cat1-4/fuhyou/20180705-207_monka.pdf]（2023 年 10 月 5 日閲覧）

5. 考えよう

一人で考えよう

文部科学省では、2018年に復興庁の「風評払拭・リスクコミュニケーション強化戦略」を受けて、放射線教育などの取り組みを行いました。前のページの文書は、その取り組むべき要点をまとめたものの一部です。読んで、次の (1)～(4) について考えましょう。なぜそう考えるのか根拠についても自分のことばで説明できるようにしましょう。

（1） 何か気になる表現や内容がありますか。どういう点が気になったか、話し合いましょう。

（2） ≪見直しの方向性≫①で、「放射線教育」と「原発事故の状況や復興に向けた取り組み」の関係はどう描かれていますか。

（3） ≪見直しの方向性≫②で、いじめに関し「決して」「強く」という表現が使われていますが、放射線教育の副読本で、こうしたいじめに対する態度が強調されることをどう考えますか。

（4） ≪見直しの方向性≫③で、復興状況を紹介する目的と放射線教育の関係について考えましょう。

ペアで話し合おう

一人で考えたことについて、周囲の人とペアになって話し合いましょう。同じように考える点や考え方が異なる点などを確認しましょう。

グループで話し合おう

ここまでに考えたことをグループで共有しましょう。自分では気づかなかった見方を、ほかの人が持っているかもしれません。ほかの人の意見をよく聞いてさらに考えましょう。

クラスで話し合おう

各グループの意見を発表し、クラス全体で共有し、さらに考えましょう。

6. より深く考えよう

👤 一人で考えよう

下の (1)(2) について考えましょう。なぜそう考えるのか根拠についても自分のことばで説明できるようにしましょう。

（1）復興庁の戦略、文部科学省の取り組み、7 課のデータ（66 ページ）の間の関係を見ます。この復興庁の戦略の大きな目的、文部科学省の具体的な取り組み、方法、論理づけなどについて考えましょう。

（2）「風評払拭」とはどうすることなのか、「リスクコミュニケーション」とはどういう意味なのか、「風評払拭」と「リスクコミュニケーション」はどういう関係にあるのか考えましょう。

👥 ペアで話し合おう

一人で考えたことについて、周囲の人とペアになって話し合いましょう。同じように考える点や考え方が異なる点などを確認しましょう。

👪 グループで話し合おう

ここまでに考えたことをグループで共有しましょう。同じような点を取り上げていても、ほかの人は自分では気づかなかった考えを持っているかもしれません。ほかの人の意見をよく聞いてさらに考えましょう。

📺 クラスで話し合おう

各グループの意見を発表し、クラス全体で共有し、さらに考えましょう。

7. 発展

下の (1)(2) について考えましょう。

（1）ここまでに見てきた、「風評払拭・リスクコミュニケーション強化戦略」の全体像を調べましょう。「風評払拭」と「リスクコミュニケーション」「強化戦略」に関し、国家の市民に対する姿勢をどう思いますか。ここで言うリスクコミュニケーションは民主主義の視点から見て、どう考えますか。それらの考え方に対して、自分はどう考えるのかをまとめましょう。

（2）この課で見てきた「風評払拭・リスクコミュニケーション強化戦略」と似た動きが、原子力発電に関してもあったでしょうか。

8. 振り返ろう

この課で考えたテーマや活動を振り返ってみましょう。書きやすい言語で書いてください。

（1）これまで「風評被害」や「風評払拭」ということばに関して無意識だったこと、何か感じたこと、新しい気づきなどがありますか。

（2）ほかの人の意見で、よいと思ったものはありますか。

（3）以前と比較して自分の考えが変わったことはありますか。

（4）以前よりさらに強く思うようになったことはありますか。

（5）疑問に思うことはありますか。

9. 自分の学びを評価しよう

（1）意図とディスコースとデータの関係を読み取ることができた。

（2）使用された表現にはなんらかの前提があることが理解できた。

（3）国家の姿勢を批判的に見ることができた。

（4）民主主義の視点からコミュニケーションを考えることができた。

慰安婦像に関する新聞記事を読もう

この課ですること

TEXT
▶ 記事の内容を理解し、何が論点となっているかを理解する。
▶ 記事の登場人物の主張や記事の位置づけを理解する。

EDC
▶ 対立する視点とそれぞれの考え方や価値観などについて考察する。
▶ 対立する視点が生じる歴史的背景や歴史の捉え方について考察する。
▶ 歴史を直視し学ぶことを通して、今の社会の状況を批判的に観察する。

1. 新聞記事を読む前に

一人で考えよう

記事を読む前に、下の (1)(2) について考えましょう。

(1)「慰安婦」問題について知っていることをあげましょう。

(2)「慰安婦」問題は自分にとってなんらかの関わりがあると思いますか。それはどのような関わりですか。説明しましょう。それともまったく関係ないと思いますか。どうしてそう思いますか。その理由も説明しましょう。

ペアで話し合おう

一人で考えたことについて、周囲の人とペアになって話し合いましょう。同じように考える点や考え方が異なる点などを確認しましょう。

大阪市、サンフランシスコと姉妹都市解消へ　回答なしで

　姉妹都市関係にある米サンフランシスコ市に対して、慰安婦像の市有化を撤回するよう書簡で求めていた大阪市に、期限の9月末までに回答がなかったことが分かった。大阪市は2日にも、半世紀以上続く関係の解消を通知することを決める見通しだ。

　現地の民間団体が昨年9月、市内に慰安婦像を設置。碑文に「性奴隷にされた何十万人の女性」と書かれていることなどに、大阪市の吉村洋文市長が「日本政府の見解と違う」と抗議した。同11月にはサンフランシスコ市が像の寄贈を受けることが決まり、大阪市は市有化を撤回しない限り姉妹都市関係を解消する方針を打ち出していた。

　大阪市は関係解消を前に今年7月末、サンフランシスコ市長宛てに市有化撤回を求める書簡を送付。「最後通知」と位置づけていたが、今月2日午前の時点でも返事はなかった。市は同日中にも、正式に関係解消を伝える書簡を発送することを決める。

　両市は1957年、港町で似た規模の都市であることが縁で姉妹都市になった。学生の派遣などのほか、70年の大阪万博ではサンフランシスコ市がパビリオンを出展。交流を続けてきた。（半田尚子）

『朝日新聞 2018年10月2日』

3. 考えよう

一人で考えよう

次の (1)~(4) について考えましょう。なぜそう考えるのか根拠についても自分のことばで説明できるようにしましょう。

（1）この記事は誰の視点から書かれたものでしょうか。どうしてそうだと考えますか。その理由も示しましょう。

（2）時系列でサンフランシスコ市側の動き、それに対する大阪市側の動きおよび主張内容を整理しましょう。

（3）(2) で書いた内容をもとに、もう一度大阪市（市長）側の主張や要求内容とその理由を時系列に沿って整理しましょう。理由がわからない場合はあとでほかの人たちと話し合いましょう。

（4）「日本政府の見解」とはどのようなものだと思いますか。推測しましょう。

ペアで話し合おう

一人で考えたことについて、周囲の人とペアになって話し合いましょう。同じように考える点や考え方が異なる点などを確認しましょう。

👥 グループで話し合おう

次の (1)〜(5) について考えましょう。なぜそう考えるのか根拠についても自分のことばで説明できるようにしましょう。

（1）「日本政府の見解」について調べましょう。記事にあるサンフランシスコの民間団体の書いた碑文のどの点がどう日本政府の見解と違うか考えましょう。

（2）「日本政府の見解」と「サンフランシスコ市側」の見解の違いについて話し合いましょう。

（3）記事の最後の3行をもう一度読みましょう。誰がどのような立場から、どのような意図でこの情報を書いたと考えますか。なぜそう思いますか。

（4）慰安婦像の撤回と姉妹都市解消との関係について、どう思いますか。話し合いましょう。

（5）批判的に談話を分析する際に役立つ概念に「内集団／外集団（私たち／彼ら）」というものがあります。内集団とは自分たち側に属する集団を指し、その集団やその主張、行動が肯定的に描写されます。外集団とは自分たちに対峙する側に属する集団を指し、その集団やその主張、行動は否定的に描写される傾向があります。これまでの話し合いをもとに、このテクストにおける「内集団」（大阪市）と「外集団」（サンフランシスコ市）にはどのような人たちや組織が含まれるか、それぞれはどのような主張をしているかをもう一度まとめましょう。

👥 クラスで話し合おう

各グループの意見を発表し、クラス全体で共有し、さらに考えましょう。

4. より広く考えよう

次の文章を読みましょう。

沖縄の彫刻家が元慰安婦像を制作する理由　「表現の自由は憲法で守られている」　あいちトリエンナーレ「表現の不自由展・その後」中止に抗議

　愛知県で開催中の国際芸術祭「あいちトリエンナーレ2019」で、元従軍慰安婦を象徴する少女像などを展示した「表現の不自由展・その後」が中止に追い込まれた。彫刻家の金城実さん（80）＝読谷村＝は「芸術に対する政治権力の不当介入だ」と指摘する。自らの手で慰安婦だった女性を表現する像を制作することで、不当介入に対し抗議の意を表明する考えだ。

　名古屋市の河村たかし市長による中止要請などを受け、危機感を持ったことが制作のきっかけとなった。「表現の自由は憲法で守られている」。ホルトノキを材料に、8日からノミやチェーンソーで少しずつ彫っている。

　制作しているのは少女像ではなく、元慰安婦の韓国人高齢女性をモデルにした像。「人間の尊厳が傷つけられたことへの怒りや悲しみを叫んでいる様子を表現した」と語る。9月中に完成予定という。

　「不自由展」同様、苦情や批判が来るのを覚悟の上で制作を決意したのは、辺野古問題で政治権力と相対する沖縄の人間として「黙っていていいのか」という思いが込み上げてきたからだという。完成した像をどうするのかはまだ決めていないが、金城さんは「政治権力への抵抗の象徴にしたい」と考えている。

『琉球新報　2019年8月17日』

一人で考えよう

この記事には、156ページの2の記事と違う見方が加わっています。どういう見方か考えましょう。なぜそう考えるのか根拠についても自分のことばで説明できるようにしましょう。

ペアで話し合おう

一人で考えたことについて、周囲の人とペアになって話し合いましょう。同じように考える点や考え方が異なる点などを確認しましょう。

グループで話し合おう

次の(1)〜(4)について考えましょう。なぜそう考えるのか根拠についても自分のことばで説明できるようにしましょう。

（1）この記事での「内集団」「外集団」を考えてみましょう。どのような人たちが金城実さんの内集団に含まれ、どのような人たちが外集団に含まれると思いますか。そして、それぞれの主張について話し合いましょう。

（2）2の記事と比べて、どのような人たちが「内集団」に含まれるようになりましたか。それにより、「外集団」にはどのような変化が生まれましたか。

（3）2つの記事を通して見つけた、慰安婦像が持つ問題性について話し合いましょう。

（4）「慰安婦」問題とはそもそも何でしょうか。対立する視点が生じる歴史的背景や歴史の捉え方について、さまざまな資料で調べましょう。その際、資料を書いた人がどのような人や団体で、どこに掲載されたかなどについても調べましょう。

クラスで話し合おう

各グループの意見を発表し、クラス全体で共有し、さらに考えましょう。

この課で考えたテーマや活動を振り返ってみましょう。書きやすい言語で書いてください。

（1）「慰安婦」や「慰安婦像」に関してこれまで無意識だったこと、何か感じたこと、新しい気づきなどがありますか。

（2）「内集団」「外集団」という考え方がわかりましたか。

（3）ほかの人の意見で、よいと思ったものはありますか。

（4）以前と比較して自分の考えが変わったことはありますか。

（5）以前よりさらに強く思うようになったことはありますか。

（6）疑問に思うことはありますか。

6. 自分の学びを評価しよう

（1）「慰安婦」像に関わる内容や論点が理解できた。

（2）「慰安婦」に関わる内容や論点が理解できた。

（3）記事の登場人物の主張や記事の位置づけが理解できた。

（4）対立する視点とそれぞれの考え方や価値観について考えることができた。

（5）対立する視点が生じる歴史的背景や歴史の捉え方が理解できた。

（6）歴史を学ぶことで、今の社会の状況を批判的に観察することができた。

憲法（案）の条文を読もう

第 **19** 課

この課ですること

▶ 憲法改正草案を読んで、一定の表現の意味するところを読み取る。
▶ 憲法改正草案と憲法改正ビラを時系列に見ることで、その一貫性や変化の意味や意図を読み解く。

▶ 文章や談話を通して実践されている権威性やごまかしについて批判的に考える。
▶ 文章と政治や社会との関連性を読み取る。

1. 条文を読む前に

👤 一人で考えよう

憲法改正草案を読む前に、下の (1)(2) について考えましょう。

（1）日本国憲法（または、あなたの国の憲法など）によって、何が保障されていますか。

（2）それは、あなたの日常生活においてどのようなことに関係すると思いますか。

👥 ペアで話し合おう

一人で考えたことについて、周囲の人とペアになって話し合いましょう。同じように考える点や考え方が異なる点などを確認しましょう。

2. 憲法（案）の条文を読もう（1）

第 98 条　内閣総理大臣は、我が国に対する外部からの武力攻撃、内乱等による社会秩序の混乱、地震等による大規模な自然災害その他の法律で定める緊急事態において、特に必要があると認めるときは、法律の定めるところにより、閣議にかけて、緊急事態の宣言を発することができる。

　　　　2　緊急事態の宣言は、法律の定めるところにより、事前又は事後に国会の承認を得なければならない。

自由民主党（2012）「日本国憲法改正草案　第 98 条」より

3. 考えよう

👤 一人で考えよう

2 の条文（案）は、自由民主党が 2012 年に作成した「憲法改正草案」の 98 条 1 項と 2 項です（条文の 1 項の「1」は慣例上省かれるので、「2」しか書かれていません）。これは現行憲法にはなく、新設しようとしている「緊急事態の宣言」です。読んで、次の (1)〜(7) について考えましょう。なぜそう考えるのか根拠についても自分のことばで説明できるようにしましょう。

（1）これを読んで、どのような感想を持ちましたか。何か気づいたところはありますか。

（2）「緊急事態の宣言」がなぜ現行憲法にはないと思いますか。

（3）いつどのようなときに「緊急事態」が宣言されると書かれていますか。

（4）「閣議にかける」とはどういう意味ですか。わからなければ調べましょう。

（5）「緊急事態」が宣言されることで、日常の生活はどのように変化すると思いますか。

（6）2 項の「事前又は事後に国会の承認を得なければならない」という文言から「緊急事態の宣言」と国会の関係はどのようなものになりえますか。

（7）誰がどのような必要性や意図から「緊急事態の宣言」を新設しようとしていると思いますか。

👥 ペアで話し合おう

一人で考えたことについて、周囲の人とペアになって話し合いましょう。同じように考える点や考え方が異なる点などを確認しましょう。

👥 グループで話し合おう

ここまでに考えたことをグループで共有しましょう。自分では気づかなかった見方を、ほかの人が知っているかもしれません。ほかの人の意見をよく聞いてさらに考えましょう。

📺 クラスで話し合おう

各グループの意見を発表し、クラス全体で共有し、さらに考えましょう。

第七十三条の二　大地震その他の異常かつ大規模な災害により、国会による法律の制定を待つい
　　　　　　　　とまがないと認める特別の事情があるときは、内閣は、法律で定めるところに
　　　　　　　　より、国民の生命、身体及び財産を保護するため、政令を制定することができる。

　　　　　②　内閣は、前項の政令を制定したときは、法律で定めるところにより、速やかに
　　　　　　　国会の承認を求めなければならない。

（※内閣の事務を定める第 73 条の次に追加）

自由民主党（2018）「憲法改正に関する議論の状況について　第七十三条の二」

5. 考えよう

一人で考えよう

4 の条文（案）は、「緊急事態」について自由民主党が新たに 2018 年に提示したものです。
自由民主党は、2012 年の憲法改正草案のうち、特に 1) 自衛隊、2) 緊急事態、3) 合区解消・
地方公共団体、4) 教育の充実の 4 点を優先的な検討項目としました。その新たな条文案
を「条文イメージ（たたき台素案）」と呼んでいます（ここも、条文の 1 項の「1」は慣
例上省かれるので、「2」しか書かれていません）。読んで、次の (1)~(5) について考えましょ
う。なぜそう考えるのか根拠についても自分のことばで説明できるようにしましょう。

（1）164 ページの 2 の「緊急事態」が 4 ではどのように表現されていますか。この変化はどのよ
　　うな意味合いを持ちますか。どのような違った印象を持ちますか。

（2）「政令」とは何ですか。わからなければ調べましょう。

（3）この「政令」と「国会の承認」について、2 と 4 を比べましょう。どう違いますか。その意
　　味するところは何だと思いますか。その変更点の意味、意図などについても考えましょう。

（4）2 に書かれている「第 98 条」と 4 に書かれている注意書き「内閣の事務を定める第 73 条
　　の次に追加」では、条文の位置づけがどのように変わっていると思いますか。なぜだと思い
　　ますか。

（5）2 と 4 の違いは何を意味すると思いますか。

ペアで話し合おう

一人で考えたことについて、周囲の人とペアになって話し合いましょう。同じように考える点や考え方が異なる点などを確認しましょう。

グループで話し合おう

ここまでに考えたことをグループで共有しましょう。自分では気づかなかった見方を、ほかの人が持っているかもしれません。ほかの人の意見をよく聞いてさらに考えましょう。

クラスで話し合おう

各グループの意見を発表し、クラス全体で共有し、さらに考えましょう。

これは、2019 年に作成された自由民主党の憲法改正を訴えるビラの一部です。

2 緊急事態対応
(条文の新設)

わが国は有史以来、巨大地震や津波が発生。南海トラフ地震や首都直下型地震などの最大規模の地震や津波などへの迅速な対応が求められています。

自由民主党 (2019)「憲法改正ビラ」

👤 一人で考えよう

前ページのビラは、166 ページの 5 で優先的な検討項目としてあげられた 4 点が入ったもので、それぞれ写真と短い解説が載っています。ここでは、ビラの「2　緊急事態対応(条文の新設)」を見て、(1)~(5) について考えましょう。なぜそう考えるのか根拠についても自分のことばで説明できるようにしましょう。

(1) 「緊急事態対応（条文の新設)」という見出しと写真と文字で書かれた内容は一致していますか。一致しているなら、「緊急事態」とは何を指しますか。一致していないなら、それは、どういう点ですか。

(2) 前ページのビラと 164 ページの 2 の条文、166 ページの 4 の条文を読み比べて、どのような変化が見られますか。気づいた点を話し合いましょう。

(3) 2、4 からビラに至る変化をどう読み解きますか。

(4) 前ページのビラと 2、4 を読んで、緊急事態を条文に入れようとする意図をどのように解釈しますか。

(5) 前ページのビラと 2、4 を読んで、緊急事態の宣言がどのような政治的、社会的事態をもたらしうるか考えましょう。

👥 ペアで話し合おう

一人で考えたことについて、周囲の人とペアになって話し合いましょう。同じように考える点や考え方が異なる点などを確認しましょう。

👥 グループで話し合おう

ここまでに考えたことをグループで共有しましょう。同じような点を取り上げていても、ほかの人は自分では気づかなかった考えを持っているかもしれません。ほかの人の意見をよく聞いてさらに考えましょう。

🖥 クラスで話し合おう

各グループの意見を発表し、クラス全体で共有し、さらに考えましょう。

7. 発展

下の (1)(2) について考えましょう。

（1）自由民主党はそもそもなぜ憲法を改めようとしているのでしょうか。どういう憲法を望んでいるのでしょうか。自民党と改憲の歴史を調べ、その理由を考えましょう。

（2）ドイツのワイマール憲法は民主的な憲法とされていました。しかし、合法的にナチスの台頭を許すことになりました。緊急事態条項にあたるワイマール憲法下の法（「大統領緊急令」と「授権法（全権委任法）」）について調べましょう。

8. 振り返ろう

この課で考えたテーマや活動を振り返ってみましょう。書きやすい言語で書いてください。

（1）法案の読み方についてこれまで無意識だったこと、何か感じたこと、新しい気づきなどがありますか。

（2）憲法改正草案やビラを時系列に見ることで、その変化の意図について考えることができましたか。

（3）ほかの人の意見で、よいと思ったものはありますか。

（4）以前と比較して自分の考えが変わったことはありますか。

（5）以前よりさらに強く思うようになったことはありますか。

（6）疑問に思うことはありますか。

9. 自分の学びを評価しよう

（1）法律の条文の一定の表現の意味するところが理解できた。

（2）憲法改正の動きを時系列に見ることで、その一貫性や変化の意味や意図について考えることができた。

（3）文章や談話を通して実践されている権威性やごまかしについて批判的に考えることができた。

（4）文章と政治や社会との関連性を読み取ることができた。

全国紙と地方紙の記事を組み合わせて読もう

第**20**課

この課ですること

- ▶沖縄の米軍基地に関する記事を読み、事実関係を理解し、記事の内容をまとめほかの人がわかるように伝える。
- ▶全国紙と地方紙とを関連づけて読み、沖縄の置かれた状況について理解を深める。

- ▶全国紙と地方紙の報道姿勢やそれらが前提にしているものについて批判的に考える。
- ▶自分の意見をその根拠とあわせてわかりやすく説明する。
- ▶他者の意見を受け止めた上で、それをもとにしてさらに自分の考えを深める。

1. 新聞記事を読む前に

👤 一人で考えよう

記事を読む前に、下の (1)(2) について考えましょう。

（1）皆さんの国や地域には米軍基地がどこにどれくらいあるでしょうか。知っている場所をあげましょう。

（2）皆さんの国や地域では、米軍基地があることでどのような影響があるでしょうか。

👥 ペアで話し合おう

一人で考えたことについて、周囲の人とペアになって話し合いましょう。同じように考える点や考え方が異なる点などを確認しましょう。

2. 「全国紙」の新聞記事を読もう

米軍普天間飛行場　泡消火剤が基地の外に漏出　発がん性物質含む

　10日午後4時40分ごろ、沖縄県宜野湾市の中心部にある米軍普天間飛行場で使用されていた泡消火剤が基地外に流れ出た。泡消火剤には発がん性が疑われる化学物質のPFOSが含まれている。米軍から「かなりの量が基地外に漏れ出した」と連絡を受けた防衛省沖縄防衛局が明らかにした。

　泡消火剤が流れ出たのは宜野湾市真栄原（まえはら）3付近の普天間飛行場南側の側溝（幅約1.5メートル）。側溝は比屋良川につながっている。市消防本部によると、気分が悪くなった人などはいない。

　米軍は10日夜、「格納庫内の消火システムが作動した」と明らかにした。

　沖縄の米軍基地では過去にも、有害物質を含む泡消火剤が基地外に流れ出る事故が起きている。

『毎日新聞 2020年4月10日』

発がん性含む疑いの消火剤、普天間周辺の住宅街に飛散

　米軍普天間飛行場（沖縄県宜野湾市）周辺の住宅街で11日、発がん性が疑われる有機フッ素化合物PFOSを含む泡消火剤が飛散しているのが確認された。10日夕に米軍から地元自治体に基地外に流出したと通報があったが、一夜明けても完全に除去できず、住民に不安が広がった。

　宜野湾市消防本部によると、11日午前7時50分ごろ、「川から泡が出ている」と住民から通報があった。現場では道路上などを舞う泡のかたまりが確認され、6時間以上かけてバケツですくうなどして除去したという。

　ただ、河川の泡は完全に取りのぞけず、周辺に飛散しないよう巡回を続けている。上流は基地内にあり、米軍関係者が除去作業にあたっているという。

　夕方になって河川を見に来た近くの40代女性は「きょうはお天気だったけど、こわくて洗濯物を干すのはやめた。まだ泡が残っているのを見てますます不安になった。自然にもどんな影響があるのか」と話した。

　沖縄県内では近年、米軍基地周辺でPFOSなどが高濃度で検出され、県は基地内への立ち入り調査を求めているが実現していない。県は

10日、沖縄防衛局に対し、基地外の消火剤回収に加え、基地内
にとどまっている消火剤も地下に浸透する可能性があるとして
速やかな回収を要請した。

　11日には玉城デニー知事が「大変遺憾」との談話を出した。
基地内への立ち入り調査も引き続き求めていく。

『朝日新聞 2020年4月11日』

3. 考えよう（1）

👤 一人で考えよう

2つの新聞記事を読んで事実関係を理解しましょう。1つ目は毎日新聞の記事、2つ目
は朝日新聞の記事です。どちらも全国紙と呼ばれる新聞で、2つの記事はその新聞社の
ウェブサイトで全国版の記事として配信されたものです。読んでその内容を簡単にまと
めましょう。記事が2つあって少し長くなるので、自分の使いやすいことばでまとめて
もかまいません。

👥 ペアで話し合おう

2つの記事をまとめたら、それをもとにして下の (1)~(3) について話し合いましょう。

（1）自分でまとめた新聞記事の内容を報告しあいましょう。それぞれが2つの記事を報告しても
　　 いいですし、報告する記事を分担してもいいです。

（2）お互いのまとめた内容について、共通点や相違点を話し合いましょう。

（3）(2) で話し合った相違点について、なぜそのような違いが生まれたのかを話し合いましょう。

4. 考えよう (2)

🧍 一人で考えよう

「沖縄の米軍基地に関する全国紙の新聞記事」をふまえ、下の (1)〜(4) について考えましょう。なぜそう考えるのか根拠についても自分のことばで説明できるようにしましょう。

(1) 米軍基地内で起こった事故で、周囲の地域はどのような影響を受けているでしょうか。

(2) その影響はどのようにすれば小さくしたりなくしたりすることができるでしょうか。

(3) 今後同じようなことが起こらないようするためにはどのようにすればいいでしょうか。

(4) 米軍基地の問題は誰にとっての問題でしょうか。個人の問題、地域の問題、地方自治体の問題、国の問題、アメリカの問題、世界の問題、いろいろな考えがあると思います。自分の考えをまとめましょう。そのように考える根拠も説明できるようにしましょう。

👥 ペアで話し合おう

一人で考えたことについて、周囲の人とペアになって話し合いましょう。同じように考える点や考え方が異なる点などを確認しましょう。

👥 グループで話し合おう

ここまでに考えたことをグループで共有しましょう。同じ記事を読んでいても、ほかの人は自分では気づかなかった考えを持っているかもしれません。ほかの人の意見をよく聞いてさらに考えましょう。

👥 クラスで話し合おう

各グループの意見を発表し、クラス全体で共有し、さらに考えましょう。

有機フッ素化合物含まぬ泡消火剤に交換へ　防衛相、日米で取り組みの考え

　河野太郎防衛相は5日、米軍普天間飛行場で今年4月、米兵のバーベキューが原因で泡消火剤の流出事故が発生したことに関して、有機フッ素化合物の一種PFOS、PFOAを含まない泡消火剤への交換に、日米で連携して取り組む考えを改めて示した。東京都内で記者団の質問に答えた。

　河野氏は事故発生を受けて米軍がルール見直しや設備点検に取り組んでいるとした上で、発がん性が指摘されるPFOSなどを含まない泡消火剤への交換について「エスパー米国防長官もタスクフォースを立ち上げ関心を持っているので、日米がしっかり連携をしたい」と述べた。

　米軍は4日、泡消火剤の流出事故の調査報告を公表した。4月10日の事故発生当時、海兵隊員が格納庫近くでバーベキューをしており、器材の熱が消火システムを作動させ、泡消火剤が流出。本来、泡消火剤が流れていく格納庫内のタンクは整備不良で雨水がたまっており、格納庫の扉も開いていたため、外部に流れ出た。

『琉球新報 2020年9月6日』

PFOS含まない代替品へ日米で連携　河野防衛相が見解示す　泡消火剤の漏出事故受けて

　河野太郎防衛相は5日、米軍普天間飛行場の泡消火剤漏出事故の原因が米兵のバーベキューだったことの受け止めを問われ、有機フッ素化合物PFOS（ピーホス）を含まない製品への転換に向け、日米で連携していく考えを示した。東京都内で記者団の取材に答えた。

　河野氏は、PFOS・PFOA（ピーホア）を含まない製品への切り替えについては、エスパー米国防長官もタスクフォースを立ち上げ、関心を持っているとし「日米でしっかり連携していきたい」と述べた。

『沖縄タイムス 2020年9月7日』

6. 考えよう（1）

👤 一人で考えよう

2つの新聞記事を読んで事実関係を理解しましょう。どちらの記事も「2.『全国紙』の新聞記事を読もう」で読んだ事故の「その後の対応」に関するものです。1つ目は琉球新報の記事、2つ目は沖縄タイムスの記事です。どちらも地方紙と呼ばれる新聞で、沖縄で発行されている新聞です。2つの記事はその新聞社のウェブサイトで配信されたものです。読んでその内容を簡単にまとめましょう。記事が2つあって少し長くなるので、自分の使いやすいことばでまとめてもかまいません。

👥 ペアで話し合おう

2つの記事をまとめたら、それをもとにして下の (1)~(3) のように、話し合いましょう。

（1）自分でまとめた新聞記事の内容を報告しあいましょう。それぞれが2つの記事を報告してもいいですし、報告する記事を分担してもいいです。

（2）お互いのまとめた内容について、共通点や相違点を話し合いましょう。

（3）（2）で話し合った相違点について、なぜそのような違いが生まれたのかを話し合いましょう。

7. 考えよう (2)

👤 一人で考えよう

「沖縄の米軍基地に関する地方紙の新聞記事」をふまえ、下の (1)~(3) について考えましょう。なぜそう考えるのか根拠についても自分のことばで説明できるようにしましょう。

(1) 誰が誰に、どのような状況で、何をしたことに関する記事でしょうか。

(2) (1) から考えると、記事が取り上げている問題は誰にとっての問題でしょうか。個人の問題、地域の問題、地方自治体の問題、国の問題、アメリカの問題、世界の問題、いろいろな考えがあると思います。自分の考えをまとめましょう。そのように考える根拠も説明できるようにしましょう。

(3) これらの記事は、「2.『全国紙』の新聞記事を読もう」で取り上げた事故から約 5 カ月後に配信されています。そのことについてどう思いますか。そのように考える根拠も説明できるようにしましょう。

👥 ペアで話し合おう

一人で考えたことについて、周囲の人とペアになって話し合いましょう。同じように考える点や考え方が異なる点などを確認しましょう。

👥 グループで話し合おう

ここまでに考えたことをグループで共有しましょう。同じような点を取り上げていても、ほかの人は自分では気づかなかった考えを持っているかもしれません。ほかの人の意見をよく聞いてさらに考えましょう。

🖥 クラスで話し合おう

各グループの意見を発表し、クラス全体で共有し、さらに考えましょう。

8. より深く考えよう

👤 一人で考えよう

沖縄の米軍基地に関する全国紙の記事と地方紙の記事とを組み合わせて、下の (1)~(4) について調べたり考えたりしましょう。なぜそう考えるのか根拠についても自分のことばで説明できるようにしましょう。

（1）「2.『全国紙』の新聞記事を読もう」で説明したように、日本には全国紙と呼ばれる新聞があります。そのほかにもニュース記事を配信するメディアには、ブロック紙や地方紙、通信社などがあります。「5.『地方紙』の新聞記事を読もう」で報じられている出来事が、ほかのニュースでどのように報道されていたか調べてみましょう。「防衛相　泡消火剤」や「PFOS」で検索すると関連する記事が見つかります。地方紙を調べるには、47NEWS というサイトが便利です。全国の地方紙から検索することができます。

（2）(1) で集めた記事から考えて、ほかのニュースにおいて「普天間飛行場の泡消化剤問題」はどのように扱われていると言えるでしょうか。事故発生時のニュースが検索できなかった場合でも「その後の対応」に関する記事は見つけられる場合があります。このことは何を意味していると言えるでしょうか。そう考える根拠についても説明できるようにしましょう。

（3）「普天間飛行場の泡消化剤問題」に関する全国紙と地方紙の報道変動の違いについてどう思いますか。そう考える根拠についても説明できるようにしましょう。

（4）この事件から 3 年以上経過した 2023 年の新聞（全国紙）報道において、泡消化剤（PFOS）の問題がどのように報道されているか調べてみましょう。「PFOS」で検索すると記事が探せます。

👥 ペアで話し合おう

一人で考えたことについて、周囲の人とペアになって話し合いましょう。同じように考える点や考え方が異なる点などを確認しましょう。

👥 グループで話し合おう

ここまでに考えたことをグループで共有しましょう。同じような点を取り上げていても、ほかの人は自分では気づかなかった考えを持っているかもしれません。ほかの人の意見をよく聞いてさらに考えましょう。

📺 クラスで話し合おう

各グループの意見を発表し、クラス全体で共有し、さらに考えましょう。

9. より広く考えよう

👤 一人で考えよう

次の (1)~(3) について、「沖縄の米軍基地に関する全国紙の記事と地方紙の記事」とを組み合わせて、調べたり考えたりしましょう。なぜそう考えるのか根拠についても自分のことばで説明できるようにしましょう。

（1）たとえば、2023年8月から9月までのように一定の期間を設定し、沖縄で起こった「米軍関連」の事故や事件を全国紙の新聞記事から集めましょう。

（2）同じことを、沖縄の地方紙の新聞記事で行いましょう。

（3）(1) と (2) の結果について考えましょう。

👥 ペアで話し合おう

一人で考えたことについて、周囲の人とペアになって話し合いましょう。同じように考える点や考え方が異なる点などを確認しましょう。

グループで話し合おう

ここまでに考えたことをグループで共有しましょう。同じような点を取り上げていても、ほかの人は自分では気づかなかった考えを持っているかもしれません。ほかの人の意見をよく聞いてさらに考えましょう。

クラスで話し合おう

ここまでのディスカッションをふまえ、次の (1)(2) について話し合いましょう。

(1) ここまでに考え、話し合った内容について各グループの意見を発表し、クラス全体で共有し、「新聞報道からみる沖縄の位置づけられ方」や「沖縄に関する報道からみる新聞社の報道姿勢」について、クラスで話し合いましょう。

(2) ここまでの活動をふまえて、「新聞報道からみる沖縄の位置づけられ方」や「沖縄に関する報道からみる新聞社の報道姿勢」についてもう一度自分で考え、それを自分のことばでまとめましょう。

10. 発展

下の (1)(2) について考えましょう。

(1) 沖縄県ウェブサイトなどで、沖縄の歴史についての簡単な説明を読みましょう。そして沖縄の歴史という視点から、もう一度、全国紙や地方紙の新聞記事の内容について考えましょう。記事の例は、https://www.bonjinsha.com/wp/edc にもあります。参考にしてください。

(2) 下の 2 つについて考えましょう。役に立つ URL は https://www.bonjinsha.com/wp/edc にもあります。参考にしてください。

・「日米地位協定」ということばを調べ、それについて理解を深めましょう。
・日本以外のアメリカの同盟国にどんな国があるか調べ、それらの国とアメリカとが結んでいる地位協定について調べましょう。

11. 振り返ろう

この課で考えたテーマや活動を振り返ってみましょう。書きやすい言語で書いてください。

（1）沖縄の環境問題と米軍基地との関連について、これまで無意識だったこと、何か感じたこと、新しい気づきなどがありましたか。

（2）全国紙の報道姿勢について、これまで無意識だったこと、何か感じたこと、新しい気づきなどがありましたか。

（3）地方紙の報道姿勢について、これまで無意識だったこと、何か感じたこと、新しい気づきなどがありましたか。

（4）全国紙と地方紙との違いや、新聞社ごとの報道姿勢の違いについて、これまで無意識だったこと、何か感じたこと、新しい気づきなどがありましたか。

（5）沖縄や日本のほかの地域における米軍基地の問題について何か感じたこと、新しく気づいたことがありましたか。

（6）新聞記事と社会が前提としている「沖縄の位置づけられ方」について、どのようなことを考えましたか。

（1）沖縄の米軍基地に関する記事を読み、事実関係を理解し、記事の内容をまとめ、ほかの人に説明することができた。

（2）沖縄の米軍基地に関する記事を読み、それぞれの報道姿勢の違いについて考えることができた。

（3）社会が前提としている「沖縄の位置づけられ方」に目を向け、批判的に検討することができた。

（4）自分の意見をその根拠とあわせてわかりやすく説明することができた。

（5）他者の意見を受け止めた上で、それをもとにしてさらに自分の考えを深めることができた。

【本書の特設ウェブページ】

https://www.bonjinsha.com/wp/edc

【著者】

名嶋　義直（なじま　よしなお）

琉球大学　グローバル教育支援機構　国際教育支援部門　留学生ユニット

【著作】『リスクコミュニケーション―排除の言説から共生の対話へ』（編著，2021 年，明石書店）、『10 代からの批判的思考―社会を変える 9 つのヒント』（編著，2020 年，明石書店）など多数。

野呂　香代子（のろ　かよこ）

元ベルリン自由大学　言語センター

【著作】『リスクコミュニケーション―排除の言説から共生の対話へ』（共著，2021 年，明石書店）、『右翼ポピュリズムに抗する市民性教育―ドイツの政治教育に学ぶ』（共著，2020 年，明石書店）など多数。

三輪　聖（みわ　せい）

テュービンゲン大学　人文科学部　アジア地域文化研究所・日本学科

【著作】『ことばの教育と平和―争い・隔たり・不公正を乗り越えるための理論と実践』（共編著，2023 年，明石書店）、『「日系」をめぐることばと文化―移動する人の創造性と多様性』（共著，2022 年，くろしお出版）など多数。

第 10 課イラスト　胡瓜

【付記】

・【付記】1～4 章、9 章、11 章、13～14 章、20 章の内容は、科学研究費助成事業（学術研究助成基金助成金）基盤研究（C）課題番号 20K02431（代表：名嶋義直）による研究成果の一部である。

・本書に掲載している新聞記事はすべてウェブ版を利用している。

・特設ウェブページの多言語翻訳の一部は「公益信託 宇流麻学術研究助成基金」からの助成を受けて作成している。

対話を通して学ぶ「社会」と「ことば」
日本語×民主的シティズンシップ
深く、広く、じっくり考える 20 のトピック

2023 年 11 月 30 日　初版第 1 刷発行

著　　者｜名嶋義直，野呂香代子，三輪聖
発　　行｜株式会社 凡 人 社
　　　　　〒 102-0093
　　　　　東京都千代田区平河町 1-3-13
装丁デザイン｜コミュニケーションアーツ株式会社
印刷・製本｜倉敷印刷株式会社

ISBN 978-4-86746-021-4
©NAJIMA Yoshinao, NORO Kayoko, MIWA Sei　2023　Printed in Japan